AF452235

ESSAIS

SUR LE

PLACEMENT EN MUTUALITÉ VIAGÈRE

(BÉNÉFICE DE SURVIE)

PREMIÈRE PARTIE

Caractère légal de l'institution. — Jurisprudence. — Compétence. — Notions historiques. — Caractère du contrat privé, ses modifications et extensions. — Transition : rejet des tarifs *a priori*. — Exécution de l'opération collective. — Égalité proportionnelle. — Programme d'une table spéciale de mortalité. — Table d'intérêts composés. — Programme d'une table de répartition. — Règle de mortalité adoptée. — Emploi forcé, mais raisonné, de la probabilité. — De la reprise préalable. — De la clause de confiscation. — Tiers bénéficiaire. — Consentement de la tête engagée. — De la destination du placement. — Avis et mise en demeure. — Idée des avantages du placement mutuel viager. — Conseils sur la durée des placements. — Idées saines sur le grand nombre.

PAR M. VILCOCQ

ANCIEN NOTAIRE A PARIS

ET PAR M. VILCOCQ FILS

AVOCAT A LA COUR ROYALE

PARIS

IMPRIMERIE DE H. FOURNIER ET Cᵒ,

RUE SAINT-BENOÎT, 7

1846

Se vend à Paris, rue Hauteville, 35.

(S'adresser au concierge.)

Prix de cette première partie :

AVERTISSEMENT.

En 1841 , l'Académie des Sciences morales
et politiques mit au concours ce programme :
« Exposer la théorie et les principes du con-
« trat d'assurance, en faire l'histoire, et dé-
« duire de la doctrine et des faits les déve-
« loppements que ce contrat peut recevoir,
« et les diverses applications utiles qui pour-
« raient en être faites, dans l'état de progrès
« où se trouvent actuellement notre commerce
« et notre industrie. » Les mémoires devront
être écrits en français ou en latin, etc.

Nous nous demandâmes d'abord pourquoi
une discussion en latin : sur cette matière
toute moderne, la jurisprudence antique
n'offre rien de spécial. Si, dans quelques tex-
tes disséminés, une question de ce genre se

présente, elle est résolue par les règles générales du droit. Était-ce donc parce que Casarégis, de Luca, Straccha, ou autres, ont écrit en latin? Mais c'était à une époque où cette langue était encore dominante dans les études, où l'on haranguait en latin les ambassadeurs, où l'on traitait en latin les consultations médicales, où même on latinisait son nom.... Au surplus, cela ne nous arrêtait pas; car nous croyons posséder suffisamment l'idiome de Gaïus et de Justinien : et d'ailleurs il y avait le choix... en latin ou en français.

Mais, en relisant le programme, il nous fut aisé de reconnaître qu'il ne s'agissait que de l'assurance commerciale, ou pour mieux dire que de l'assurance du Code de commerce, non de l'assurance contre l'incendie, ou terrestre, encore moins de l'assurance sur la vie. Ces espèces ont néanmoins leur importance. Aussi, tout en renonçant à briguer les palmes académiques, nous restâmes avec le projet d'écrire sur les assurances terrestres et sur l'assurance viagère,

Sous le titre de *Lettres à un maire de cam-*

pagne, nous publiâmes, il y a quelques années, une série d'articles traitant de l'assurance-incendie, et ils ont eu quelque succès.

Nous avions élaboré en la même forme une série d'articles, non pas sur l'assurance viagère, locution qui ne s'applique qu'à l'assurance à prime, spéculation fort simple, donnant à peine lieu à discussion, mais sur les opérations en mutualité. Cette forme épistolaire donne une grande facilité de pensée et de style, surtout lorsqu'on veut critiquer certaines choses, et nous avertissons de suite les personnes qui voudront bien nous lire que telle pourra être parfois, même involontairement, la couleur de nos observations. Mais notre travail prenant un caractère sérieux, bien que le plaisant puisse s'allier parfaitement au sévère, depuis que le romantisme occupe un fauteuil à l'Académie et à la Chambre des Pairs, bien qu'on ne puisse trouver mauvais qu'Uranie, Thémis même, s'égayent, dèslors que Melpomène peut rire, nous avons changé notre forme, en rejetant aux notes finales les quelques passages qui pourraient

1.

blesser le décorum, ou qui peuvent être ré-
gardées comme des hors-d'œuvre.

Nous intitulons notre livre : *Essais sur le
placement en mutualité*, etc. On peut faire
un *Traité* de la vente, du louage, du contrat
de mariage, parce que la vente, le louage, etc.,
sont des idées bien arrêtées, et sur lesquelles
il n'y a que des explications à donner. Sur une
matière toute nouvelle, imparfaite, et sujette
à toutes les variations et réformes que l'expérience pourra suggérer, on ne peut faire
que des essais, en indiquant ces réformes et
changements à faire.

Nos essais étaient donc, en cet état de
choses, un livre, un vrai livre, avec épigraphe
et dédicace, dédicace à M. Macarel, conseiller
d'État et professeur à l'école de droit, l'un
de ces hommes véritablement dignes, dont
l'amitié honore ceux qui peuvent s'en préva-
loir. Il était d'ailleurs assez bizarre qu'une
œuvre où se trouvent fréquemment critiqués
les actes du conseil d'État fût dédiée à l'un
des membres supérieurs de ce conseil ; c'était,
sans autre comparaison, la tragédie de *Maho-
met* dédiée au pape. Mais l'hommage, selon

nous, était d'autant plus éclatant, car tous les hommes n'ont pas l'esprit de philosophie nécessaire pour être juges équitables dans leur propre cause, ce qui fait qu'on en appelle à eux-mêmes, avec confiance, des actes auxquels ils ont, ne fût-ce qu'en la forme, participé.

Des considérations particulières, des intérêts à ménager, nous font arriver, en définitive, à la forme de publication en trois parties, à intervalle l'une de l'autre ; et en retardant en tout cas la troisième, nous désirons, avant tout, que la première partie soit appréciée. L'accueil qui lui sera fait sera notre règle.

Ce n'est donc plus qu'une brochure, ou une suite de brochures ; et la même convenance qui excluait l'épigraphe et la dédicace permettait de reprendre les allures et le style d'une œuvre légère, de confondre dans le texte ce qui fait l'objet des notes ; mais cette fusion était un travail entier à recommencer. La lassitude a dominé notre intention ; nous nous sommes bornés à des coupures, en laissant dans chaque division la partie de texte et la partie de notes qui se trouvaient élaborées.

Du reste, les trois divisions ou parties sont indépendantes l'une de l'autre.

La première, qui prend les statuts tels qu'ils existent, renferme toutes les explications utiles pour faire bien comprendre la combinaison et le procédé, et pour en faciliter la pratique ; à elle seule, elle est un enseignement complet, car on y trouve aussi un exposé loyal des avantages de l'opération, des conseils de nature à accréditer les agents auprès de la clientèle, et l'indication de diverses modifications de détail à apporter aux statuts... *modifications de détail* ; les modifications capitales, changements et réformes touchant au système, et pouvant y amener une révolution complète, sont réservés pour la troisième partie. Bref, la première partie c'est l'état actuel, avec quelques amendements.

La seconde traitera des procédés spéciaux et des combinaisons particulières que l'on pourrait introduire ; c'est l'état actuel, avec des extensions utiles.

La troisième traitera des modifications capitales et réformes que la réflexion et l'expérience rendent désirables et nécessaires. C'est l'état futur qui sera substitué au présent, comme plus légitime.

A l'avance, nous allons donner l'ordre des matières, dans chaque partie.

Nous ne donnons, d'ailleurs, dans la première partie, que le programme des tables spéciales de mortalité et des tables de valeurs proportionnelles, ou de répartition, parce que l'impression d'un manuscrit de cinq à six cents pages de chiffres nous jetterait dans une dépense considérable. Quelque nombreux que soient les intérêts qui seraient dans le cas de désirer en acquérir la possession, nous ne pouvons faire cette avance sans avoir quelque certitude d'y rentrer, et cela ne pourrait avoir lieu qu'au moyen d'une souscription préalable sur laquelle MM. les directeurs d'établissements s'entendraient avec nous.

Le programme donne la clef du calcul par lequel on arrive aux nombres proportionnels; en telle sorte que toute personne pourrait les établir; mais cette confection de tables complètes exige plus d'un an de travail assidu.

Il indique, d'ailleurs, la précision et l'exactitude mathématique qui doivent régner dans ces tables ; et nous sommes prêts à aider, *parte in quâ*, toutes les personnes qui auraient besoin d'y puiser un document, sur objet indiqué.

ORDRE DES MATIÈRES.

PREMIÈRE PARTIE.

DEUXIÈME PARTIE.

La deuxième partie, consacrée à l'examen de quelques procédés spéciaux, et à l'exposé de combinaisons particulières que l'on pourrait introduire, procédera suivant l'ordre que voici :

Tɪт. IX. Système mixte : *Assurance* introduite dans la mutualité.

TROISIÈME PARTIE.

La troisième partie, dont la conclusion tendra à des modifications capitales et même à des réformes, s'applique aux placements par versements annuels.

Elle procède par synthèse.

Tɪт. I. De l'encaissement des mises.

Tɪт. II. De ce que c'était que les opérations à terme.

Tɪт III. Du droit de poursuivre. — De la déchéance. — Des suppléments mensuels.

Tɪт. IV. Système de la compagnie dite Royale, excluant la déchéance.

    Sect. 1. Recherche des motifs de cette exclusion.

    Sect. 2. Séries inventées par la Compagnie dite Royale.

Tɪт. VI. Motifs d'exclusion de ce mode par séries.

Tɪт. VII. Retour à un système meilleur, purgé de tous vices et d'illégalités. — A ᴘʀᴏᴘᴏs sur une forme plus rationnelle de postulation. — Et opinion sur ce mode de perception et la quotité du droit de gestion.

PREMIÈRE PARTIE.

TITRE PREMIER.

Caractère légal de l'institution. — Notions historiques.
— Jurisprudence. — Compétence.

La législation primitive, sur cette matière, est développée avec une érudition et une lucidité remarquables dans le rapport fait au conseil d'État par le conseiller comte d'Hauterive, qui a provoqué les décrets impériaux du 1er juin 1809, et du 10 novembre 1810. (Voir le Répertoire de jurisprudence, *verbo* Tontine.)

Le principe, perdu de vue pendant les perturbations qui agitèrent la fin du dernier siècle, mais remis en vigueur par ces décrets, est que tous les établissements de la nature des tontines, les mutualités, et en général les opérations qui appellent le grand nombre, à l'aide d'un programme imposant des conditions à remplir en commutation d'un gain, d'une indemnité, dépendant de certaines éventualités, sont des *objets réservés*, c'est-à-dire ne peuvent exister et fonctionner sans une autorisation préalable du gouvernement, après un contrôle suffisant et satisfaisant de ce programme, de ces obligations, de ces éventualités , des statuts qui doivent régir ces opérations , de leur bonne et loyale administration et des garanties que doivent présenter ces établissements.

La loi du 2 mars 1791 a proclamé la liberté de l'industrie; mais la législation devait en modifier l'exercice illimité , et introduire la surveillance d'un ministère public dans les cas où l'abus provoqué par la spéculation, tout au moins par l'esprit de système , pourrait mettre en risque les intérêts du public.

En présence de ces motifs d'un ordre élevé , de ces règlements généraux, on ne pouvait guère errer sur le caractère légal de ces institutions ; cependant on mit en oubli cette législation primordiale; on ne vit plus que l'art. 37 du Code de commerce ; et l'on disait : « Cet article ne prescrit « l'autorisation préalable que pour les sociétés « anonymes. En fait, les opérations tontinières « peuvent être intrinsèquement des associations ; « mais ce ne sont pas des sociétés, et ce ne sont « en aucun cas des sociétés anonymes : donc elles « ne sont pas assujetties à l'autorisation préala- « ble. »

L'auteur du rapport précité déclarait ou indi-

— 17 —

quait, tout le premier, que ces sortes d'opérations (tontines ou établissements de la nature des tontines), non-seulement n'étaient point des sociétés dans le sens du Code de commerce, mais ne pouvaient, sous aucun point de vue, être rapportées à la législation commerciale.

Ce ne sont pas des sociétés; car il n'y a point de transmutation de capitaux, pas d'exploitation lucrative. Les capitaux de mise des souscripteurs sont immobilisés; l'industrie et la fortune n'y peuvent rien changer. Il n'y a point de chapitre de profits et pertes. Les souscripteurs font un placement, non une spéculation. Les dépenses incombent au directeur, moyennant un abonnement; sa rémunération est un honoraire, et non une délibation bénéficiaire. Il n'y a point de raison sociale, ni trafic, ni travail, ni production. L'objet en vue, c'est l'héritage des mutuellistes qui viendront à décéder; l'événement décisif, c'est la vie ou la mort. A coup sûr, rien de tout cela n'est dans le commerce. Si l'on prend chaque souscripteur isolément, c'est un acte de père de famille; si on les prend tous ensemble, c'est un arrangement collectif qui a convenu à tous simultanément; c'est une communauté d'intentions et d'intérêts. Au surplus, quel que soit le nom dont on l'appelle, c'est un pacte durement civil; il n'y a ni société ni commerce.

2.

La législation ravivée par les décrets précités est bien antérieure au Code de commerce, qui n'a pu l'abroger ni la modifier; et la sanction royale est nécessaire, non pas à raison de l'art 37 de ce Code, mais à raison de cette législation antérieure.

En poursuivant cet aperçu historique, ce n'est pas sans surprise que, vingt-cinq ans à peine écoulés depuis l'époque où l'approbation impériale avait réglé cette matière d'une façon si précise, nous voyons, au mépris de ce règlement, sans autorisation préalable, surgir plusieurs entreprises d'associations sur la vie, en mutualité.

Les chefs de ces entreprises, pour répondre aux attaques dont elles durent être l'objet, ne manquaient pas de reproduire l'argumentation : « Nous « ne sommes pas des sociétés, ou bien (et cette « distinction va faire ci-après l'objet d'une obser- « vation) si la maison gérante fondée pour l'ex- « ploitation de nos opérations est une société, elle « est ou en nom collectif ou en commandite ; donc « nous ne sommes, ni au fond ni en la forme, soumis « à la sanction gouvernementale. » Et ils évitaient, pour n'avoir point à faire acte de soumission, la forme anonyme dans ces sociétés accessoires.

Le tribunal de commerce du département de la Seine, par sa sentence du 31 mai 1841 (note A), a jugé que ces entreprises et leurs gérants n'avaient aucun caractère légal, n'avaient pas même d'existence, faute d'être autorisés dans les termes du décret de 1809.

« Attendu, entre autres motifs, que les considérations déterminantes de ce décret sont basées sur la nature de ces établissements, qui sortent évidemment de la classe commune des transactions entre citoyens, soit que l'on considère la foule de personnes de tout état, de tout sexe, de tout âge, qui y prennent intérêt, soit que l'on considère le mode par lequel ces associations se forment, mode qui ne suppose entre les parties intéressées, ni les rapprochements, ni les discussions si nécessaires pour caractériser un consentement donné en connaissance de cause; soit que l'on considère qu'il n'existe pour les intéressés aucun moyen facile, efficace et réel de surveillance; soit enfin que l'on considère leur durée, toujours inconnue, et qui peut se prolonger pendant un siècle : d'où la nécessité de soumettre ces sortes d'établissements à l'autorisation préalable du gouvernement, qui la donne sur le vu des statuts, et qui leur impose des conditions telles que les intérêts des sociétaires ne se trouvent compromis ni par l'avidité, ni par la négligence, ni par l'ignorance de ceux à qui ils auraient confié leurs fonds.

« Attendu que, si l'autorité administrative, *par*

une tolérance, dont les motifs échappent à l'appréciation du tribunal, a cru devoir s'abstenir de toute intervention dans l'existence des établissements qu'elle a pour mission de surveiller, la loi n'en conserve pas moins toute sa force ; et c'est dans ce cas, aux tribunaux, lorsqu'ils sont appelés à prononcer, qu'il appartient d'en faire la rigoureuse mais nécessaire application. »

Il ne resterait rien à dire à ce sujet, si cet oubli des termes formels du décret, si les controverses nées de cet oubli, concevable de la part seulement de ceux qui avaient intérêt à marcher libres de tout contrôle, n'avaient amené une déplorable confusion dans les idées et dans les attributions, à tel point que parfois on demande encore si *tel* établissement est autorisé, comme si désormais il pouvait ne pas y avoir autorisation ; si *tel* établissement a un fonds de garantie, comme si le premier soin du gouvernement n'était pas de déterminer ce fonds suffisant, et d'en faire effectuer le dépôt préalable. On s'inquiète du cas de faillite ; et la faillite n'est plus possible. En effet, le fonds de garantie, ou cautionnement, que le gouvernement exige, est fixé pour suffire à la liquidation éventuelle ; et, pendant le fonctionnement, les mises versées sont, sous la surveillance active et incessante d'un commissaire du roi, immédiatement employées en rentes sur l'État. Te directeur n'a point le maniement de ces fonds. Si, personnellement, il tombe en déconfiture, de même que s'il décède ou prend sa retraite, il est remplacé.

Auprès de l'institution, il peut y avoir une maison gérante, une société que le directeur, individuellement obtentionnaire et titulaire de l'autorisation, contracte avec des bailleurs de fonds, lorsqu'il n'a pas, par lui-même, le capital nécessaire pour l'organisation première d'une entreprise de cette importance. Mais entre cette société accessoire et l'institution, il n'y a rien de commun : la société peut péricliter; les associés peuvent par événement, subir une perte, éprouver une ruine; les souscripteurs, qui ne sont que membres de l'institution, jamais.

Si cette société accessoire est civile, ou commerciale en nom collectif, ou commerciale en commandite, elle n'a pas besoin de l'autorisation royale, ce qui n'en affranchit pas, répétons-le bien, l'institution. Si elle est en forme anonyme, cette autorisation est nécessaire, indépendamment de celle imposée comme condition préalable à l'institution; en telle sorte que si une entreprise se fonde sous cette forme, la postulation de l'ordonnance a lieu à deux fins, et l'ordonnance autorise deux fondations à la fois, après contrôle de l'une et de l'autre.

Ceci amène la question de compétence : puisque l'institution ne peut être rapportée, sous un point de vue quelconque, à la législation commerciale, nous ne voyons pas pourquoi la postulation de l'ordonnance d'institution s'adresse au ministre du commerce. C'est ici que se présente la confusion des attributions, suite naturelle de la confusion dans les idées. La compétence, selon nous, appartient au ministre de l'intérieur, ou à celui de la justice, à raison de la partie légale qui occupe une grande place dans les statuts (note B).

Dans le cas, ci-dessus prévu, d'une postulation comprenant à la fois l'institution et la proposition d'une société anonyme pour la gérer, les deux ministres devraient coopérer au contrôle et au rapport.

Par suite, la nomination des commissaires de surveillance devrait appartenir au ministre de l'intérieur (ou de la justice) quant à l'institution, au ministre du commerce dans le cas seulement de simultanéité avec une société anonyme, c'est-à-dire qu'alors deux ministres devraient concourir à cet acte complexe d'administration publique.

S'agit-il de la compétence judiciaire, nous avons déjà fait ressortir l'opinion imposante qui fait de ces placements en mutualité viagère une affaire purement civile.

Ils ne sont ni banque, ni industrie, ni fabrique, ni trafic, ni usine.

L'appellation vague, Établissements de la nature des tontines, peut convenir comme généralité. Mais la tontine proprement dite procurait des rentes croissantes par extinctions, au lieu d'un capital, aux survivants. Le fonds était perdu pour eux et pour leur famille. Ils le consommaient de leur vivant. C'est ce qui a fait dire qu'il y avait de l'égoïsme dans la tontine, tandis que la mutualité viagère est déterminée par un sentiment de bienfaisance. On y retrouve un capital, dont la destination, fixée d'avance par l'intention déterminante, est le bien-être à venir des enfants, ou autres objets de l'affection du souscripteur, autant et plus que le sien propre.

Au surplus, nous n'adoptons pas entièrement ce dernier point. Le véritable désintéressement, selon nous, n'existe que dans l'opération en cas de mort.

Quoi qu'il en soit, la tontine étant d'origine italienne, nous en prenons la définition dans le Dictionnaire de la Crusca. « Espèce de rente viagère sur le trésor royal, avec accroissement de revenus pour les survivants, ainsi appelée du nom de Tonti, qui en a donné le procédé. »

Le roi, l'État ou un banquier sont entrepreneurs ; le fonds en tout cas est donc abandonné, ou le résidu des fonds aliéné par les rentiers.

S'il y avait une analogie, ce ne serait qu'avec la spécialité de placement qui admet le retrait fractionné par années ; mais elle n'existerait que quant à l'accroissement de la rente ; et il resterait toujours une différence marquée, en ce que la tontine était illimitée quant à la durée, tandis que dans le système qui lui est comparé, il y a cette particularité essentielle d'un terme fixé par la police d'engagement, et à l'échéance duquel la liquidation a lieu, quel que soit le nombre des survivants.

Ce n'est pas une assurance. Loin de là, c'est un contrat aléatoire ; aléatoire d'abord, à raison de l'événement alternatif de vie ou de mort ; aléatoire en outre, à raison de la somme à revenir en cas de survie, dont la quotité dépend du plus ou moins d'action de la mortalité ; mais on n'assure rien.

Au point de vue du droit public, c'est bien une institution. Si cette appellation est contestée, parce qu'on voudrait ne l'accorder qu'aux fondations créées par l'initiative du gouvernement, ce n'est pas non plus une affaire privée, puisque le gouvernement y intervient : ce sera, si l'on veut, une quasi-institution. Mais renfermons-nous dans la spécialité, et, en ne conservant que par déférence pour un usage adopté, mais qu'on rectifiera sans doute, le titre d'*Établissements de la nature des tontines*, en rejetant bien loin celui d'*assurances*, disons que le véritable nom de ces opérations (un nom devant, autant que possible, donner l'idée nette de la chose) sera celui de *placements* en mutualité viagère.

La chose, dégagée de tout ce qui tendait à la dénaturer, n'est pas commerciale.

Et le directeur n'est pas commerçant. C'est tout simplement le mandataire commun des souscripteurs, chargé uniquement de convertir en rentes sur l'État les capitaux de mises, d'en régler la répartition au terme convenu, et de faire rentrer à chaque survivant le dividende qui pourra lui en revenir, affaire purement civile, comme nous l'avons déjà dit.

La compétence commerciale n'existe donc, ni à raison de la matière, ni à raison de la personne.

Le directeur a-t-il fait de son exploitation l'objet d'une société, cela n'apporte aucun changement, si cette société est purement civile.

Sinon, il faudra distinguer les contestations qui pourraient s'élever entre les membres de la société, ou entre eux et le chef de la société, d'avec celles entre les souscripteurs et le directeur de l'institution, bien que ce chef et ce directeur soient la même personne. Les premières sont des contestations sociales de la compétence des juges consulaires, sauf le renvoi à des arbitres forcés. Les autres, qui n'ont trait qu'au contrat civil de placement, à son exécution, à ses conséquences, sont du domaine de la juridiction civile. Et c'est ce qu'il faut décider, même dans les cas où il y aurait doute, car les tribunaux de commerce ne sont qu'une juridiction exceptionnelle (note C).

Les notions qui précèdent pourront d'ailleurs fournir aux directeurs d'établissements des arguments utiles pour se faire exonérer (au moins comme institution) de la patente qu'on exige d'eux.

Comme document sur l'origine de ces établissements, le rapport du comte d'Hauterive indique une invention de fraîche date. Il cite la concession du droit de faire des assurances sur la vie, octroyée par arrêts du conseil des 3 novembre 1787 et 27 juillet 1788, en faveur de la ville de Paris, avec permission de la transmettre, pour un temps limité, à une compagnie, et promptement révoquée par la loi du 24 août 1793; et il ajoute que c'était une tontine.

Plus anciennement, et lorsque Deparcieux et Duvillard élaboraient leurs tables de mortalité, c'était pour y édifier des tontines, des créations de rentes viagères, moyennant un capital aliéné au profit du banquier.

La mutualité, pour obtenir un capital en cas de survie , est de nos jours ; et ce mode est une création toute française. C'est donc un langage étrange que celui des prôneurs trop ardents, disant et répétant qu'il existe en Angleterre de nombreux établissements de ce genre , tous en voie de prospérité.

Ces établissements, en effet, sont nombreux; voici la liste des principaux :

MUTUALITÉS PURES.

(Ne possèdent pas d'autre capital que le fonds d'excédants résultant de leurs opérations compensées ; les assurés prennent une part active à ces excédants bénéficiaires).

Amicable.	Mutual.
Clergy.	Norwich Union.
Equitable.	Scotish.
Hand in Hand.	Etc.
London Life association.	

COMPAGNIES PROPRIÉTAIRES.

(Par actions formant un capital déterminé pour servir de garantie aux engagements envers les assurés, dont les droits se bornent à la somme assurée. Les excédants appartiennent aux propriétaires ou actionnaires, comme compensation du capital exposé).

Albion.	Pelican.
Argus.	Sun.
Asylum.	Promotor.
Yorck, etc.	Royal exchange.
Globe.	Standard.
Mentor.	Etc.

MIXTES.

(Combinaison de l'assurance à prime et de la mutualité. Capital de garantie, mais attribution partielle seulement, à ce capital, des excédants bénéficiaires, et dévolution du surplus aux assurés).

Alliance.	Rock.
Atlas.	Westminster.
British commercial.	Economie.
Caledonian.	European.
Clerical.	Imperial.
Crown.	Independent.
Minerva.	Law-Life.
National.	Legal and general.
Eagle.	Protector.
Hope.	Etc.
Palladium.	

Mais ils ne pratiquent que l'opération en cas de

mort, celle en cas de vie, seulement pour rentes viagères ; et ils ont le bon esprit de joindre l'une à l'autre, afin que les prompts décès qui sont un sinistre dans la première, et un gain dans la seconde, soient balancés par compensation.

Quant à l'opération mutuelle ayant pour but d'obtenir un capital en cas de survie, s'ils la connaissent, ils ne jugent pas à propos de la faire ; bref, ils ne la font pas.

TITRE II.

Caractère du contrat privé. — Ses modifications et extensions.

Dix personnes, cent personnes s'accordent à mettre, en bourse commune, 100 fr. chacune, ce qui fait 10,000 fr., pour être placés en rentes sur l'État, dont les arrérages seront capitalisés par le même emploi en rente, à leurs échéances ; et la masse effective appartiendra au survivant, ou bien aux survivants d'entre elles, à une époque fixée, et, dans ce dernier cas, par portions viriles.

Dans cette position simple primitive, la mise est la même de la part de tous ; les souscripteurs s'engageant simultanément à une même époque et apportant le même âge, ce pacte est d'emblée équitable, et son exécution ne souffre aucune difficulté.

Pour compléter la prévision, il est bon d'ajouter

3.

que si, par un événement exceptionnel, avant l'échéance du terme, toutes les têtes engagées moins une, viennent à décéder, la masse devra être remise immédiatement à l'ayant-droit de cette souscription, seule en survie.

Mais s'il n'y a pas identité de position, on conçoit que les choses ne puissent plus s'exécuter de même.

1re modification : *Mises différentes*. Ce premier cas est d'une solution facile. Il y a dans ce fonds commun de 10,000 fr. à l'origine, des mises de 500 fr., des mises de 40 fr., et autres quotités.

Exemple : les 10,000 fr. sont devenus, par l'anatocisme, pendant la durée de l'association : 16,000 fr.

Et il se trouve 70 survivants, dont 60 souscripteurs à 40 francs, et 10 souscripteurs à 500 fr.

Les souscripteurs venant à répartition sont représentés :

Ceux à 40 fr. par 60 × 40 = 2400 |
et ceux à 500 fr. par 10 × 500 = 5000) ensemble 7400 ;

Sauf observations ultérieures, il faut dire :

$$7400 : \left| \begin{matrix} 2400 \\ 5000 \end{matrix} \right| :: 16000 : \left| \begin{matrix} x. \\ y. \end{matrix} \right.$$

$$x = \frac{16000 \times 2400}{7400} = 5{,}189\ 18 \left. \right\} \quad \text{à chacun 1/60e} = 86 \text{ fr. } 57 \text{ c.}$$
$$16000 \left\{ \right.$$
$$y = \frac{16000 \times 5000}{7400} = 10{,}810\ 82 \left. \right\} \quad \text{à chacun 1/10e} = 1081 \text{ fr. } 08 \text{ c.}$$

2ᵉ modification : *Ages différents*. La possibilité de lier le pacte mutuel serait bien restreinte, s'il était indispensable que l'âge fût le même pour toutes les têtes engagées à une association..... C'est ici que se présente la nécessité et l'opportunité d'une table des chances de vie et de mort particulières à chaque âge.

Le Code civil (art. 721), comme exception à l'ordre naturel, qui est que le plus jeune survive au plus âgé, attribue, dans l'âge de l'enfance, plus de vitalité au plus âgé qu'au plus jeune ; et cela est conforme aux lois de la physiologie. Prenons une hypothèse dans les âges de l'enfance : aussi bien les mutualités dont il s'agit se recrutent fréquemment dans les enfants en bas âge.

Exemple : dans les 100 souscriptions, il y en a sur des têtes de 4 ans qui ont passé les dangers de la première enfance ; et il y en a sur des têtes venant de naître, qui ont plus de chances de mort que les premières.

Il est évident que, pour rétablir l'équilibre entre le souscripteur sur une tête de 4 ans, et le souscripteur sur une tête de zéro d'âge, il faut ou qu'il paye une somme plus forte à l'entrée, ou qu'il prenne une somme moins forte à la répartition.

3ᵉ modification : *Entrée à l'association à des*

époques différentes. Le terme de la clôture de l'association est une fois fixé; mais les souscripteurs n'y entrent pas simultanément. Il en résulte que la durée de l'engagement est moindre pour ceux qui y entrent après coup que pour ceux qui y sont entrés les premiers; et ils courent moins longtemps la chance sinistre.

Il faut donc, ou qu'ils mettent une somme plus forte pour racheter les chances qu'ils ne courent pas, et que les autres ont courues, ou qu'ils prennent à la répartition un quotient moins fort.

La position simple, mutualité toutes conditions égales, peut donc se compliquer, ou seulement de la première modification, ou seulement de la seconde, ou seulement de la troisième, ou des 1re et 2e, ou des 1re et 3e, ou des 2n et 3e, ou enfin des trois à la fois.

Le premier degré de complication ayant été de suite aplani, il s'agit d'expliquer le procédé qui aplanit les autres. Pour y parvenir, il faut d'abord étudier et faire comprendre la confection d'une table de valeurs proportionnelles. Nous en dirons ensuite l'usage, et ferons ressortir son aptitude à répondre à toutes ces difficultés. Il en résultera la possibilité de l'association générale de tous les âges et de toutes les durées, aussi bien que de toutes les mises, par agrégations produisant les grands nombres ; et c'est une condition essentielle sans laquelle on tomberait dans les catégories particulières, écueil fâcheux qu'il est important d'éviter.

Transition : Rejet des tarifs *a priori*.

Deux moyens, avons-nous dit, se présentent tout d'abord pour établir l'égalité ; payer plus à l'entrée, ou recevoir moins à la sortie. On a commencé par essayer du premier moyen ; on a introduit pour chaque souscripteur venant après autres une liquidation (fictive, car elle a pour base la probabilité seulement) de la mortalité intervenue ; on ajoute un prorata d'intérêt, et l'on fait payer en conséquence. Posons un type de 100 fr. de mise à une époque donnée ; on y ramène les mises survenues par agrégation, au moyen du supplément que nous venons de dire, calculé à raison du temps écoulé entre l'époque typique et l'époque de fait à laquelle les agrégations ont lieu. Dans ce calcul, on a égard, bien entendu, à la différence des âges.

A la rigueur, c'est bien s'il s'agit de mises uniques ou placements au comptant : car alors la difficulté se trouve aplanie une fois pour toutes. *Secùs* si c'est un placement par versements annuels ; car la difficulté, la nécessité de suppléments mensuels se renouvelleront chaque année, pour peu que le versement ne soit pas exécuté ponctuellement au jour anniversaire.

En d'autres termes, toutes les fois qu'il y a rétrospection dans un calcul de ce genre, il n'existe aucun embarras, si l'on s'appuie sur deux termes fixes. Si, un premier souscripteur ayant versé 100 fr. le 1er janvier, un second souscripteur vient verser 100 fr. le 1er juillet, il est clair qu'au moyen d'un supplément de six mois d'intérêts et d'augment bénéficiaire, l'équilibre se trouvera rétabli (toutes choses se trouvant égales d'ailleurs dans cet exemple très-simple); mais si l'on opère par versements atermoyés, et si, la péréquation étant préparée à l'avance pour toutes les annuités ultérieures à la première, les versements n'ont pas lieu ponctuellement au jour anniversaire, il faudra la recommencer; le calcul primitif se trouvera, pour ces annuités ultérieures, culbuté, parce qu'il ne reste plus alors qu'un terme fixe, celui de la souscription qui a ouvert l'association; et que le second, le jour du versement effectif, a varié. Il faudrait donc alors d'autres suppléments mensuels; mais nous aurons occasion de démontrer combien ce remède est incomplet et inefficace, impossible même dans la pratique.

Le système des tables de répartition repose toujours sur deux termes fixes : l'un qui est l'époque
de la répartition invariablement déterminée par la
convention ; l'autre qui est le jour du versement,
constant en fait. Il évite donc l'écueil et la nécessité des suppléments mensuels. Il les évite non-
seulement dans ce cas particulier, mais dans tous
les cas; il a son efficacité immédiate pour l'actualité
et pour l'avenir. Cette démonstration est peut-être
prématurée et incomplète ; mais nos premiers lec-
teurs seront des directeurs, inspecteurs ou agents
qui, possédant déjà au moins les rudiments, sau-
ront nous comprendre. Quant aux autres, nous
les engageons à lire d'abord avec attention les
pages suivantes. En revenant ensuite sur celle-ci,
ils la trouveront facilement intelligible.

Nous préférons et adoptons le deuxième mode :
verser ce qu'on veut et quand on veut, sauf à retrouver ou subir l'égalisation proportionnelle, à la
répartition. Mais nous ne quitterons pas ce sujet
sans remarquer que Demonferrand, qui a non
pas trouvé, mais exécuté en chiffres ce mode,
dont le programme lui a été fourni, à notre connaissance, aurait bien dû observer et déclarer qu'il
pouvait être exclusif de tous suppléments mensuels. On doit s'étonner qu'ayant participé (il a eu
bien soin de nous en instruire lui-même) au con-

trôle des statuts, il ait laissé accoler deux choses dont l'une neutralisait l'autre. Il n'a pas étudié l'idée et n'a pas su en tirer parti.

Demonferrand mettait très-peu de fini à ses travaux ; nous aurons occasion d'y revenir.

TITRE III.

Exécution de l'opération collective.—Égalité proportionnelle. — Programme d'une table spéciale de mortalité. — Table d'intérêts composés. — Programme d'une table de répartition.

Deux éléments sont nécessaires pour arriver à la supputation des valeurs proportionnelles devant servir de chiffres diviseurs à la répartition. Ce sont : une table de mortalité et une table d'intérêts composés.

La rédaction ordinaire des statuts contient à cet égard les dispositions suivantes : « Les mises versées dans une association sur la tête d'individus d'âges différents sont ramenées à l'égalité proportionnelle par l'application de tarifs basés sur les chances de durée de la vie à chaque âge. »

« Et les versements annuels seront ramenés à l'égalité proportionnelle entre eux, et avec les versements uniques par l'application combinée des chances de la durée de la vie à chaque âge et des effets de la cumulation des intérêts. »

Il y a analogie avec le cas de mise venant par agrégation dans le cours d'une association qui se trouve avoir déjà parcouru une partie de sa durée préfixe, et n'a plus que quelques années à courir. Cette mise doit être ramenée à l'égalité proportionnelle avec la mise qui a ouvert cette association. Les explications et notions qui vont suivre sont les mêmes pour tous ces cas analogues ; et la règle sera aussi la même.

Plus tard, nous justifierons l'emploi de la probabilité, comme nécessaire et forcé; et nous dirons les motifs qui nous ont fait nous servir de la mortalité de Demonferrand dans le procédé matériel; nous en usons d'ailleurs avec discernement.

Les relevés de Demonferrand sont divisés en *mortalité-hommes* et *mortalité-femmes*. Comme les associations de la mutualité confondent les sexes, il était rationnel (et c'est ce que nous avons fait) de prendre la moyenne. Il est évident qu'en faisant les calculs sur la mortalité-hommes seulement, ou sur la mortalité-femmes seulement, on commettrait une grave inconséquence. De même si l'on adoptait la mortalité des départements à longue vie, ou celle des départements où les décès sont plus prompts, au lieu de la mortalité de la France entière, qui est la véritable en matière d'opérations où concourent des individus de toutes les classes et de tous les pays.

Demonferrand donne jusqu'à 3 mois la mortalité mensuelle, et indique le moyen de la continuer également mensuelle jusqu'à 2 ans; après quoi il ne donne que la mortalité annuelle.

Le but qu'on se propose ici est de construire des tables de répartition ou de valeurs proportionnelles, non pas par années seulement, mais par trimestres d'âge et de durée. Pour cela, il faut d'abord une table de mortalité par trimestres, sans renoncer à procéder, même mois par mois, pendant les deux premières années de la vie; car si, dans les âges où les dangers de la première enfance sont supérés, les mouvements de la mortalité sont imperceptibles d'un mois à l'autre, ils sont notables et déterminent des différences réelles dans l'intervalle de zéro d'âge à 2 ans..... On peut en dire autant des âges très-avancés.

Demonferrand a procédé, en certains cas, par induction du connu à l'inconnu; il le déclare lui-même dans le texte qui accompagne la publication de son œuvre au 26ᵉ cahier de l'Ecole polytechnique. Lors donc qu'il s'agit d'intercaler la mortalité par fractions d'année, il est bien permis d'en tâter les moyens, afin de choisir le plus équitable.

Le premier moyen qui se présentait était de diviser par douzièmes, pour avoir la mortalité par chaque mois; mais, outre que tous les nombres ne sont pas divisibles par 12 (et l'on ne meurt pas par fractions), il convenait d'éviter les ressauts trop brusques.

Quand une année se trouve entre une année précédente, notablement plus mortelle, et une année suivante, notablement moins mortelle, il est rationnel et dans l'ordre naturel des choses de faire frapper les décès de l'année intermédiaire plus fortement sur les premiers mois, et moins sur les derniers; *vice versâ* dans le cas contraire, et c'est ce que nous avons fait.

Dans ces tables de valeurs proportionnelles ou de répartition, après la première année d'âge, nous marcherons par trimestres, attendu que dès lors les différences mensuelles deviennent peu de chose en résultat. Ceux qui voudront porter la précision jusqu'aux dernières limites pourront faire la ventilation par mois, soit en prenant le tiers de la différence du coefficient d'un trimestre, au coefficient du trimestre immédiatement subséquent, soit, ce qui serait encore plus rigoureusement près de la vérité, en faisant eux-mêmes le calcul par mois, au moyen de notre table de mortalité, qui donnera la mortalité mensuelle.

En résumé, on ne peut pas se contenter des tables préparées par Demonferrand, par années seulement d'âge et de durée, vicieuses d'ailleurs, en ce que 1° il n'a composé l'intérêt que par an, tandis qu'il doit être composé par semestres, puisque les arrérages des placements en rentes se touchent et s'emploient par semestres; 2° il a adopté la mortalité-hommes seulement des départements à longue vie.

Nous avions donné, il y a quelques années, quelques explications qu'on a bien ou mal habillées en notice, ou instructions destinées à faciliter l'extraction de la valeur proportionnelle. Ces explications et ces notions ne doivent plus avoir cours aujourd'hui que nous reconnaissons et signalons l'imperfection des éléments sur lesquels elles étaient élaborées. C'était, comme nous venons de le dire, la composition des intététs par an seulement, et le calcul d'après la mortalité-hommes seulement d'une série particulière de départements.

Quant à nous borner à diviser par quarts les différences d'année à autre, on est, par ce qui précède, apte à juger combien cela serait imparfait, combien cela pourrait être décevant. D'ailleurs ces coupures occasionneraient, lors des répartitions, un travail long et minutieux, et c'est ce travail que nous assumons et prévenons, en faisant de suite la ventilation, non à la légère mais raisonnée, des coefficients afférents à chaque fraction d'année d'âge et d'année de durée. Les répartitions sont toutes faites à l'avance.

Pour construire une table de mortalité, on prend, à la naissance, un certain nombre d'individus, on les suit dans leur existence, et, à mesure que la mort éclaircit les rangs, on constate le nombre des survivants. Le nombre pris pour point de départ, par Demonferrand, est 10,000.

Ici serait la place de cette table de mortalité, complétée d'après ces diverses observations (Voir l'avertissement en tête du livre).

Quant au calcul des intérêts composés, nous en donnons de suite la table (appendice n° 1). Elle procure le chiffre intermédiaire, c'est-à-dire la progression par trimestres; en cela, elle est, comme elle devait l'être, corrélative à la mortalité suivie également par trimestres; mais, pour le trimestre, la bonification d'intérêts est 1 p. 0/0 sans anatocisme; à chaque semestre, c'est 2 p. 0/0 avec anatocisme.

Avec ces éléments, on aborde utilement la confection d'une table de répartition, ou de valeurs proportionnelles, par trimestres d'âge et de durée, nécessaire pour l'association générale entre individus de tous âges, souscrivant à des époques différentes, et pour les ramener dans les termes rigoureux de l'égalité proportionnelle.

D'après la prescription statutaire, toute association part d'un 1er janvier et finit la veille d'un 1er janvier. Elle reste ouverte pendant toute la durée préfixe, c'est-à-dire qu'on peut y entrer par agrégation, à quelque époque que ce soit.

Un individu **A** se présente le 1er janvier 1846, il fait un placement sur sa propre tête, pour 25 ans, parce qu'il entend retirer son produit à la répartition de 1871, s'il survit. Agé de 50 ans, au moment de sa souscription réalisée par le versement de sa mise, il aura, à l'époque de la répartition, 75 ans; ainsi se trouvent posés les deux faits importants pour l'établissement qui est appelé à administrer ce placement en mutualité entre les divers sociétaires, primitifs ou venant par agrégation : 1° l'association de 25 ans, millésime de 1846, est ouverte, pour durer jusqu'à sa répartition, fixée au 1 janvier 1871 ; et même, comme elle n'aura pas 25 ans de durée relativement aux sociétaires venant plus tard par agrégation, elle sera mieux désignée par cette appellation : *Association dont la répartition aura lieu en 1871* ; 2° la souscription initiale, immédiatement réalisée par versement de la mise , est faite sur une tête de 5o ans d'âge à l'entrée, et pour 25 ans (durée intégrale dans ce cas) de fructification : tels seront pour ce souscripteur les éléments de la valeur proportionnelle, ou du chiffre diviseur par lequel il prendra part à la répartition, s'il survit.

Même année, mais en avril, une autre souscription a lieu, **B**, aussi pour venir à répartition en 1871 : c'est la même association ; mais ce 2ᵉ souscripteur n'a que 24 ans 9 mois de fructification ; il a d'ailleurs, au moment de son versement (car la véritable souscription c'est le versement), 3 ans 9 mois , âge fractionné.

En juillet 1847, un troisième individu, **C**, va s'introduire dans la même association ; il entre dans ses intentions de retrouver son contingent à la répartition de 1871. Son engagement relatif n'est donc que de 23 ans 6 mois ; mais ce n'en est pas moins l'association de 25 ans 1846, qui, restée ouverte pour accueillir le grand nombre , ayant alors duré 1 an 6 mois , n'a plus que 23 ans 6 mois à courir. La tête engagée à cette troisième souscription aura, pour exemple, 6 mois d'âge.

Au commencement de 1860, un quatrième souscripteur, **D**, viendra , âgé, pour exemple, de 54 ans, ayant en vue la même répartition 1871, parce qu'il entre dans ses intentions de courir la chance jusqu'à 65 ans d'âge, et il sera classé dans la même association qui, ouverte en 1846 pour 25 ans, ayant, en 1860, traversé 14 années, n'aura plus alors que onze ans de cours ; ce nouveau souscripteur aura en effet onze ans d'engagement et de fructification.

Bien entendu qu'au lieu d'un individu dans chacune de ces hypothèses, ce s ront des masses d'individus ; bien entendu aussi q e dans ces intermittences de 1846 à 1847, à 1860, il y aura une foule d'interventions.

Ainsi s'opère le concours désirable de tous les âges et de toutes les durées, en même temps que de to tes les mises, quoique de sommes différentes. Ce dernier point va être expliqué tout à l'heure ; et nous faisons remarquer ici que désormais, au moyen des tables ainsi effectuées, les versements annuels se règlent sans aucune espèce d'embarras, comme si c'étaient autant de mises uniques successives d'année en année. Un souscripteur, au lieu de placer 1,000 fr. par mise unique immédiate, verse 100 fr. par an pendant 10 ans. Les 100 fr. versés de suite reçoivent de suite leur valeur proportionnelle. Ce souscripteur a-t-il 52 ans d'âge, ce sera la valeur proportionnelle afférente à 52 ans d'âge pour 10 ans de durée. Pour le versement des seconds 100 fr. qu'il fait l'an d'après, ce sera la valeur proportionnelle afférente à 53 ans d'âge pour 9 ans de durée, car chaque année est en augmentation d'âge et en diminution de durée. Que si, au lieu d'effectuer le 2ᵉ versement au jour fixe anniversaire, de manière à être bien dans cette condition de 53 ans d'âge pour 9 ans de durée, il s'en trouve dehors, parce qu'il n'aura pensé à payer ou n'aura pu payer que 3 mois plus tard, on lui appliquera le règlement préparé à 53 ans 3 mois d'âge pour 8 ans 9 mois de durée; de même aux échéances ultérieures et pour le cas de plus long retard. Nous aurons d'ailleurs de graves observations à faire sur le placement par versements annuels. Elles auront leur place dans la troisième partie de ces essais. Nous en disons assez pour faire comprendre que le souscripteur qui aura fait des versements successifs, aura satisfaction complète du moment où il sera compris à la répartition à raison d'un coefficient total, qui sera la somme des coefficients partiels afférents à ces diverses mises; et c'est bien ainsi que nous entendons que cela soit.

Ceci confirme la préférence à accorder à ce mode, et annoncée ci-dessus dans la transition consacrée aux tarifs *à priori*. Il offre de plus cet avantage marqué, que le souscripteur peut mettre ce qu'il veut, sans être obligé de s'emboîter dans le moule d'un tarif, qui ne lui permettrait pas d'employer toute la somme, ou qui exigerait plus que la somme dont il peut disposer. Il mettra ce qu'il voudra et quand il voudra.

Revenons à nos souscripteurs **A**, **B**, **C** et **D**. Sans attendre l'époque de la répartition, le règlement de la valeur proportionnelle pour chacun d'eux, soit du chiffre diviseur par lequel ils prendront part, en cas de survie, se fait immédiatement comme suit :

Règlement pour A : 50 ans d'âge pour 25 ans de durée.

Chiffre de vie à 50 ans (1er jour de la 51e année). 4591

Id. de survie 25 ans après (1er jour de la 76e année). 1479

On suppose que les 4591 vivants mettent chacun 1 fr., et la masse de 4591 fr. devient par intérêts à 4 p. 0/0 l'an, composés par semestres pendant 25 ans. . . . . 12,340 fr.

Ce produit est le dividende à répartir entre les 1479 sur-vivants. . . . . | 1479

Quotient pour chacun | 8,34081

ou, mise reprise, 7,34081 (note D).

Règlement pour B : 3 ans 9 mois d'âge pour 24 ans 9 mois de durée.

Chiffre de vie à 3 ans 9 mois. 7385
Id. de survie 24 ans 9 mois après. 5855

On suppose que les 7385 vivants mettent chacun 1 fr., et la masse de 7385 fr. devient, par l'intérêt à 4 p. 0/0 l'an, composé par semestres pendant 24 ans 9 mois. . . . . 19,681 fr.

Ce produit est le dividende à répartir entre les survivants.   5855

Quotient à chacun. 3,36138

ou, mise reprise, 2,36138.

Le règlement pour C, d'après les éléments particuliers à sa position, s'opère de même, et son quotient est 3,60457, ou, mise reprise, 2,60457.

De même enfin pour D, dont le quotient sera 2,17203, ou, mise reprise, 1,17209.

Ce spécimen est établi sur 1 fr. de mise : dans la pratique, rien de plus facile que l'application à des mises de tout chiffre. Ainsi A a mis réellement 1,200 fr., la valeur proportionnelle sera 1,200 fois celle à lui attribuée pour 1 fr. Ce n'est qu'une multiplication à faire par le chiffre de la mise réelle ; après quoi on reprend la mise telle quelle; et le surplus est la valeur pour répartition.

Cette confection, assez laborieuse, d'une table complète, peut toutefois s'arrêter 1° à 25 ans de durée : car le placement pour un plus long terme est insolite; et tout souscripteur qui a accompli un premier placement, et retiré la somme en provenant, peut l'engager, en tout ou en partie, dans un placement subséquent; 2° et à 90 ans d'âge, parce qu'on ne suppose pas que l'on joue sur plus de 90 ans de vie.

En tout cas, avec une table d'intérêts composés conduite au delà de 25 ans, et une table de mortalité conduite jusqu'à 100 ans, on peut calculer la valeur proportionnelle même pour les cas exceptionnels.

Il y a d'ailleurs peu d'intérêt à faire un placement pour moins de 5 à 6 ans, excepté toutefois dans les âges avancés de la vie ou dans la première enfance : nous reviendrons sur ce point (V. ci-après, titre 7).

Ici serait la place de cette table complète de valeurs proportionnelle ou de répartition (Voir l'avertissement en tête du livre).

Les tableaux suivants vont démontrer qu'en effet les tables de valeurs proportionnelles sont la répartition elle-même faite à l'avance.

Ils serviront en même temps pour l'intelligence de la question que nous aurons à traiter spécialement : *Reprise préalable de la mise, à étendre aux intérêts.*

Dans ce but, après avoir présenté la préparation de la répartition, c'est-à-dire l'association au moment de sa clôture, valeurs proportionnelles établies pour toutes les mises, on passera à la répartition, en supposant trois décès, celui de C, celui de G et celui de J.

Nous présentons trois modes de répartition : Dans le premier, on n'exercerait aucune reprise préalable, ni de mise, ni d'intérêts ; par conséquent les chiffres diviseurs seraient de *tout* le coefficient afférent à chaque mise. Dans le second, on exerce la reprise préalable des mises seulement. Dans le troisième, on propose la reprise préalable, et des mises et des intérêts qu'elles ont produits.

PRÉPARATION.

ASSOCIATION DE 25 ANS, OUVERTE LE 1er JANVIER 1846, FERMANT LE 31 DÉCEMBRE 1870.

	Âges.		Entrée.	Durée.		Coefficient.	Pour mise de	Mise reprise.	Dont : intérêts,		Et extinctions.	
	ans m,			ans m.			fr.	fr.	fr.	c.	fr.	c.
A	50	»	janv. 1846	25	»	10,008,972	1,200	8,808,972	2,029	72	6,779	25
B	3	9	avril 1846	24	9	2,529,664	700	1,829,664	1,165	53	664	13
C	»	6	juill. 1847	23	6	7,209,145	2,000	5,209,145	3,072	39	2,136	76
D	54	»	janv. 1860	11	»	0,977,413	450	527,413	245	69	281	72
E	4	3	oct. 1860	10	3	4,132,000	2,500	1,632,000	1,252	01	379	99
F	46	6	avril 1861	9	9	6,978,880	4,000	2,978,880	1,885	51	1,093	36
G	1	3	juill. 1862	8	6	0,168,576	100	68,576	40	02	28	55
H	»	»	oct. 1863	7	3	1,480,978	775	705,978	246	82	459	15
I	5	9	avril 1864	6	9	1,277,383	920	357,383	282	01	76	37
J	22	»	oct. 1864	6	3	2,454,984	1,800	654,984	505	66	149	32
K	70	9	janv. 1865	6	»	1,400,070	600	800,070	160	94	639	76
L	65	6	avril 1865	5	9	1,587,672	900	687,672	230	22	457	45
						40,205,737	15,945	24,260,737	11,116	52	13,144	21
									15,945	00		
									27,061	52		

1er MODE : NULLE REPRISE PRÉALABLE.

Survivants représentés par leurs coefficients ou chiffres diviseurs.	Diviseur total.	Dividende total qui se compose de toutes les mises et de tous les intérêts.	Quotient réel, touché.	Sur quoi il y a : mise et intérêts,	Gain net par extinctions.
10,008,072			A : 8,917 77	3,229 72	5,688 05
2,529,664			B : 2,254 25	1,865 53	388 72
Mort.			»	»	»
0,977,413			D : 870 85	695 69	175 16
4,132,000			E : 3,681 50	3,752 01	Déficit.
6,978,880	30,373,012 : 27,061 52 ::		F : 6,217 98	5,885 51	332 47
Mort.			»	»	»
1,480,978			H : 1,310 52	1,021 82	297 70
1,277,383			I : 1,137 45	1,202 01	Déficit.
Mort.			»	»	»
1,400,070			K : 1,247,40	760 94	486 46
1,587,672			L : 1,414 65	1,130 22	284 43

Égalité au dividende : 27,061 37 7,652 99

2e MODE : REPRISE PRÉALABLE DE LA MISE.

	Diviseurs, sur lesquels la mise capitale est déduite.	Diviseur total.	Dividende total composé de : 1° les mises des décédés : C. 2000 + G. 400 + J : 1800, total : 2° et tous les intérêts :	3,900 00 / 11,146 52 / 15,046 52	Quotient touché, outre la mise reprise.	Sur quoi il y a intérêts.	Et gain réel par extinctions.
A	8,808,972				: 7,247 16	2,029 72	5,487 64
B	1,829,664				: 1,498 51	1,165 53	332 98
C	Mort.				»	»	»
D	0,527,413				: 432 12	245 69	186 43
E	1,632,000				: 1,337 00	1,252 01	84 99
F	2,978,880				: 2,440 65	1,885 51	555 14
G	Mort.	18,328,032 : 15,016 52 ::			»	»	»
H	0,705,978				: 578 42	246 82	331 60
I	0,357,383				: 292 81	282 01	10 80
J	Mort.				»	»	»
K	0,800,070				: 655 51	160 94	494 57
L	0,687,672				: 564 14	564 14	333 92
					15,016 52	7,498 45	7,518 07

Et les surviv. rapportent les mises reprises,   12,045 00   15,016 52

On retrouve la masse totale de............   27,061 52

3e MODE : REPRISE PRÉALABLE DE MISE ET INTÉRÊTS.

Diviseurs sur lesquels la mise et les intérêts sont déduits.	Diviseur total.	Dividende total composé de :	Quotients-gain, outre la reprise des mises et intérêts.
6,779 25			A : 4,706 04
0,664 13			B : 0,461 02
»			»
0,281 72			D : 0,195 56
0,379 99			E : 0,263 78
1,093 36			F : 0,758 98
»	10,830 18 :	7,518 07 ::	»
0,459 45			H : 0,318 73
0,075 37			I : 0,052 32
»			»
0,639 76			K : 0,444 10
0,457 45			L : 0,317 55
			7,518 07

Dividende total composé de :
1° les mises des décédés............ 3,900 00
2° et les intérêts afférents à ces mises 3072 39 + 40,02 + 503 66............ 3,648 20

7,518 07

5.

Ce sont trois jeux ; et il est très-loisible de jouer ou le premier, ou le second, ou le troisième.

Dans le premier, quelques-uns perdent sur leurs intérêts. Ils pourraient même perdre sur leur capital de mise.

En effet, lorsque le dividende, au premier aspect, ne devrait se composer que de l'héritage des décès, savoir :

Du chef de C, capital 2,000 fr. et intérêts 3,072 39, total...................... 5,072 39

Du chef de G, cap. 100 fr. et intérêts 40 fr. 02 c......... 140 02 } 7,518 07

Du chef de J, cap. 1,800 fr. et intérêts 505 fr. 46 c..... 2,305 66

Voici que les survivants se répartissent............................., 7,652 99

Ce serait, de trop..... 135

Et ces 135 fr. sont présisément la somme dont on entame E et I, savoir :

E : déficit de 3752 01 à 3681 50=70 54 } 135
I   —   1202 01 à 1137 45=64 56

Mais cette chance de s'enrichir sur la mise des autres est commune à tous. Tel qui perd ici peut être gagnant si les faits ressortent autrement. Par conséquent, c'est un aléatoire ordinaire, et l'on peut fort bien convenir que telle sera la loi du contrat.

Comparons maintenant entre eux le second et le troisième mode. A, H, K, L ont moins par ce dernier que par l'autre : ce qu'ils ont de moins, il est clair que les autres l'ont de plus. Mais, de même que, dans le mode précédemment analysé, il est loisible de jouer, même sur son capital de mise, de même il est loisible en reprenant ce capital, de jouer sur les intérêts en adoptant le deuxième mode. C'est une chance commune; si on peut y perdre, on peut y gagner : cela dépendra de l'événement.

Dans le troisième et dernier mode, on ne joue que sur les extinctions ; le capital et les intérêts sont saufs.

C'est une question de convention ; et nous en reportons l'examen plus complet au titre consacré ci-après à relever les imperfections de détail que présentent les statuts.

TITRE IV.

Sur la mortalité adoptée.

La statistique n'existait pas, comme science, chez les anciens; mais ils subissaient la nécessité, en certains cas, de décider par conjecture. Voici un monument fort curieux et qui pourra donner lieu à des observations intéressantes, si on le compare avec les tables modernes. C'est un passage du Digeste, liv. 35, tit. 2, § 68. Ulpien, *ad legem Falcidiam*, pour évaluer la jouissance ou le capital d'une prestation viagère, a recours à la vie probable du créancier de cette prestation, et il la présume comme suit :

Ages : de	0 à 20 ans.	Temps à vivre	30 ans.
—	20 à 25	—	28
—	25 à 30	—	25
—	30 à 35	—	22
—	35 à 40	—	20
—	40 à 41	—	19
—	41 à 42	—	18
—	42 à 43	—	17
—	43 à 44	—	16
—	44 à 45	—	15
—	45 à 46	—	14
—	46 à 47	—	13
—	47 à 48	—	12
—	48 à 49	—	11
—	49 à 50	—	10
—	50 à 55	—	9
—	55 à 60	—	7
	A 60 et au delà		5

L'art. 129 du Code civil est une conjecture portée
au delà des limites normales de la vie ; mais c'est
sagesse, car il s'agit de déposséder de ses biens un
individu absent.

La France possède trois tables de probabilités
de la vie humaine. Celle de Demonferrand est la
plus récente, et c'est celle que nous avons suivie
dans ces essais.

Étant la plus récente, la table Demonferrand est
apparemment la plus véridique, comme la plus
conforme à ce qui se passe de nos jours. L'aisance
est plus générale ; les méthodes curatives sont
améliorées... Au surplus, voici ce que nous disions
à ce sujet dans un article sur le projet de fonda-
tion d'une caisse de pensions pour les ouvriers
(*Moniteur industriel* du 21 mars 1844) :

« Les anciennes tables de mortalité ne conve-
« naient plus à l'état actuel de la population. Ce
« fait était signalé chaque année dans l'Annuaire
« du Bureau des longitudes. En 1834, l'Académie
« des sciences nomma une commission chargée
« d'indiquer les moyens d'obtenir des tables plus
« exactes. Demonferrand avait entrepris ce travail
« sur une très-grande échelle. Il le soumit à la
« commission, composée de MM. Poisson, Mathieu
« et Ch. Dupin, et plus tard à la commission char-
« gée de décerner le prix de statistique au nom de

« l'Institut. On appréciera l'importance et le sé-
« rieux de ce travail en lisant les comptes qui en
« sont rendus et publiés dans le journal de l'*École*
« *polytechnique*, 26ᵉ et 27ᵉ cahiers. Les calculs
« ont été relevés sur plus de treize millions de
« décès, de 1817 à 1831. »

« Les rapports des commissions sont, dans leurs
« conclusions, favorables à l'auteur. Malgré les
« doutes suscités par une opposition raisonnée,
« l'Institut les a homologués par le suffrage le
« plus flatteur. »

« Deux choses sont à remarquer dans les notes
« même de cette opposition. Il est déclaré *que les
« vieilles tables de Deparcieux et de Duvillard
« ne peuvent plus servir à des opérations sur la
« vie;* et la commission n'hésita dans ces conclu-
« sions que parce qu'il était à craindre qu'une pro-
« clamation aussi solennelle de la prééminence
« des tables de Demonferrand ne donnât lieu à des
« procès de la part des individus engagés aux ton-
« tines, ou opérations analogues, préexistantes,
« contre les chefs d'établissements procédant
« d'après les tables de Duvillard ou Deparcieux;
« mais on dut raisonnablement admettre la réponse
« faite à ce sujet : Sans doute les entreprises qui
« se formeront à l'avenir tiendront compte des
« travaux approuvés par l'Institut; peut-être même

« les établissements actuels changeront-ils leurs
« conditions à partir d'une époque quelconque ,
« mais ce sera sans porter atteinte aux engage-
« ments antérieurement contractés de bonne
« foi. »

Nous avons donc adopté les tables de mortalité
de Demonferrand, tout en rejetant l'application
peu réfléchie qu'il en avait faite (page 40). Elles
sont , dit-on , plus lentes que les autres. A coup
sûr cela doit être, comparativement à la table de
Deparcieux, qui est relevée sur des têtes choisies,
plus à coup sûr encore comparativement à celle de
Duvillard qui, dans l'enfance surtout, marche rapidement. A l'époque de sa confection , la vaccine
n'était pas introduite, et l'inoculation était à
peine connue.

Au surplus, chacun jugera du mérite de cette
observation , qui n'est pas absolument vraie , par
une comparaison sommaire de ces trois tables
(Appendice, n° 2).

Et, quand même elle serait absolument vraie, il
n'y a pas de mal , au contraire , il y a plus de
loyauté à se servir d'une mortalité lente de préférence à une mortalité rapide. L'emploi que l'on en
fait devant servir à établir la valeur proportionnelle de la mise, et cette valeur pouvant être re-
gardée comme le produit probable auquel le sous-

cripteur peut prétendre, si l'on emploie la mortalité rapide, on lui promettra peut-être plus qu'il n'aura à toucher en réalité, et il sera porté à se plaindre, tandis qu'en chiffrant la valeur proportionnelle d'après une mortalité lente, il arrivera vraisemblablement plus de décès que ceux entrés en ligne de compte, alors le résultat bénéficiaire sera plus fort. Le souscripteur sera trompé avantageusement.

A part cette raison de décider, il ne faut pas attacher une importance extrême au choix de la table; c'est ce qui va résulter du titre suivant.

TITRE V.

Emploi forcé, mais raisonné, de la probabilité.

Dans ces supputations, on est obligé d'admettre la probabilité comme expédient transactionnel; mais, à la répartition, la réalité reprend en partie ses droits.

Pour pouvoir opérer, uniquement et à coup sûr sur la réalité, il faudrait avoir les actes de décès, et les avoir au moment même où ils adviennent, mais cela n'est pas possible. Autant les souscripteurs qui soignent leur placement seront empressés à fournir, lors de la répartition, le certificat de vie de la tête engagée, afin de toucher leur part contingente, autant ils voudront oublier le placement même, si la tête engagée prédécède. On n'est point disposé à prouver soi-même le fait dont on souffre un préjudice, surtout si cela coûte des démarches et des frais. Aussi les statuts n'ont-ils pu formuler une clause obligatoire pour cette production. Quant aux directeurs ou conseils d'administration des établissements, ils n'ont aucun moyen de se procurer ces documents et actes. Ils ignoreront même que *tel* individu est mort, à moins que d'adresser (chose impraticable) la liste des têtes engagées dans tous les dépôts d'état civil, et de requérir des compulsoires quotidiens. Mais, bien plus, il y a des familles qui émigrent, et cela arrivera fréquemment dans le cours d'une association de quelque durée. Les individus meurent parfois à cent lieues de leur berceau ou de leur première résidence; il faudrait donc faire ces compulsoires dans toutes les localités de la France, et même à l'étranger.

Le moyen positif consisterait, lorsqu'une seconde souscription arrive quelque temps ou longtemps après une première, à fixer, au vu des décès survenus dans l'intervalle, les bonifications acquises et l'augment à faire payer par le nouveau venu, pour égaliser sa mise à celle de son devancier ; ce serait, à chaque décès, une liquidation et une modification de valeurs proportionnelles, pour la reconduction continuant le contrat entre les survivants et les survenants, travail long et incessant... Mais n'en parlons pas, puisque le moyen échappe. Entreprendre ces liquidations tous les ans ou tous les deux ans, ce ne serait qu'une demi-mesure ; outre qu'il en résulterait la sujétion pour les mutuellistes de rapporter certificat de vie à de fréquentes époques (tandis que leur désir est au contraire, l'affaire une fois faite, de la laisser dormir jusqu'au terme), on resterait toujours à l'état d'hypothèse pour les intervalles annuels ou bisannuels. Dans le système adopté faute de pouvoir mieux faire, on y reste pour toute la durée de l'association ; c'est-à-dire que l'égalisation des mutuellistes entre eux est seulement réputée.

Mais, aussitôt qu'on peut ressaisir la réalité, on le fait. Ainsi, à l'ouverture de la répartition, le partage se fait bien d'après les décès survenus, tous les engagés dont le certificat de vie n'est pas fourni dans le délai statutaire étant tenus pour morts. Alors, mais alors seulement, on connaît, non l'époque, mais le nombre des décès ; ou sait qui est mort et quelle est la masse bénéficiaire, formée des mises en principal et intérêts, du chef des têtes défuntes.

Si les décès se sont accomplis suivant les tables de probabilité, les chiffres diviseurs préparés d'après ces tables seront, juste, la somme que chaque partageant touchera; s'ils ont été en plus grand nombre, on aura plus, et dans le cas inverse, on aura moins.

(Ceci pourra se trouver dit plusieurs fois dans le cours de ces études; mais on ne peut guère s'empêcher, quand on raisonne *ad demonstrandum*, de reproduire les mêmes formules).

L'aléatoire se présente donc sous trois aspects dont les deux premiers ont déjà été envisagés :

1° L'engagiste peut survivre ou mourir : dans ce premier cas, l'aléatoire est de l'essence du contrat, en cela analogue au contrat très-légal de rente viagère;

2° La réalité des décès, et par suite des adventices bénéficiaires, sera en dessus ou en dessous de la probabilité; mais, en définitive, la répartition aura lieu d'après les faits accomplis. On pourrait dire que l'incertitude, quant au futur contingent, n'est que provisoire;

3° Chaque souscripteur venant par agréation est réglé relativement aux souscripteurs antérieurs : bien; si la mortalité d'entre-temps s'est accomplie suivant la table employée; mal, si elle s'est accomplie différemment; car, s'il y a eu plus de décès, il bonifie au delà de ce qui devrait être ; et, dans le cas contraire, il est lésé. Mais ce risque, il est impossible de l'éviter, nous venons de le dire.

Le principe même de la théorie générale qui prend le chiffre initial de vie dans un type de 10,000 enfants, pour cadastrer les sociétaires entre eux, est une nécessité conventionnelle et commune. Il faut admettre que l'éventualité de gain compense l'éventualité de perte. Cette chance, n° 3 , a d'ailleurs cela de particulier que, portant sur un fait qui ne se trouvera pas susceptible de contrôle et de vérification, l'époque des décès, on ne saura pas même qui est-ce qui perd, qui est-ce qui gagne.

Au surplus, cette considération qu'en masse la répartition a lieu d'après les faits accomplis , les valeurs proportionnelles n'étant qu'un moyen, est ce qui nous a fait dire qu'il ne fallait pas attacher une importance extrême au choix de la table de probabilité. Il est d'ailleurs très-possible (et nous l'offrons) d'établir des tables de répartition sur toute autre mortalité que celle de Demonferrand. Cette offre peut convenir aux établissements qui , par leurs statuts , ont adopté celle de Duvillard, ou celle de Deparcieux.

Les souscripteurs reçoivent, le plus précisément possible, tout ce qui leur doit revenir.

Celui qui devrait avoir plus à raison de son âge, pourra avoir moins à prétendre à raison de sa mise moins forte ; celui qui devrait avoir moins à raison de la brièveté de son engagement, pourra avoir plus à prétendre à raison d'une autre circonstance..... La table de valeurs proportionnelles ou de répartition tient compte de tous ces incidents concomitants, souvent opposés les uns aux autres en résultats, mais qui, en dernière analyse, peuvent bien se balancer, se compenser entre eux.

Dans la deuxième partie de ces essais, consacrée à l'exposé de divers procédés nouveaux, utiles et possibles, nous proposerons un mode d'association, qui tendrait à vérifier plus fréquemment les décès, et par conséquent à réduire l'élément de probabilité, association permanente évitant la division par classe, et, par là, éminemment propice aux grands nombres, réunissant les mutuellistes en grandes familles, dont chacun puisse, à son gré, se retirer lorsque des nécessités de position exigent qu'il réalise son pécule, au moins à des époques périodiques..... Non pas que les grands nombres rendent les expectatives plus riches, mais ils produisent ce bon effet que la probabilité ressort plus conforme à ce que seront les faits réels.

TITRE VI.

Modifications à apporter aux statuts existants. *

SECTION I.

Reprise de la mise à étendre aux intérêts, ou en tout cas
à régler par une clause formelle.

Cette question se trouve posée *suprà* à la fin du tit. 3. La convention, avons-nous dit, peut la régler ; mais il faut que cette convention soit libellée ; et les statuts doivent le prescrire. Cette lacune est une des nombreuses preuves que la matière n'a pas été comprise ou que le contrôle a été fait sans soin. En l'absence de convention, les directeurs sont donc maîtres, par la tournure qu'ils donneront à leurs répartitions, de constituer en perte tel qui ne voulait pas perdre? Cela n'est pas tolérable. Notre tâche consiste à examiner ce qu'il est plus équitable de faire, en l'absence de convention.

Il est évident pour nous qu'aucun souscripteur n'a entendu s'exposer à perdre, dût-il même, dans un certain cas, plus gagner! Il faudrait donc exclure de suite le premier mode. Reste l'alternative entre le second et le troisième.

* Nous ne nous occupons pas des articles purement réglementaires.

Il n'est pas moins évident pour nous qu'on n'a entendu partager, en cas de survie, que l'héritage des prédécédés ; qu'on n'a pas entendu aventurer même ses intérêts de mise. On a entendu aliéner, si soi-même on prédécédait, et son capital de mise et les intérêts produits par ce capital ; ni l'un ni l'autre au cas contraire ; et, pour cette même raison, on n'a point eu l'idée de dîmer sur les intérêts même de ses consorts, et que la masse d'intérêts fût répartie comme bénéfices.

Dans une spéculation où les capitaux sont dénaturés, livrés au commerce ou à l'industrie, convertis immédiatement en marchandises ou en ouvrages confectionnés, dont la plus-value sur le prix de revient est l'objet en vue, on conçoit qu'il puisse, à défaut de réserve contraire, n'être rien prélevé pour intérêts ; mais, ici, ces intérêts sont fruits, non pas casuels, mais certains, puisque l'argent va être placé, surtout lorsque ce placement est en rente (Art. 584 du Code civil) ; certains non-seulement dans leur être, mais dans leur quotité et durée.

Que les intérêts afférents aux mises des décédés soient répartis comme bénéfices, c'est bien, c'est de l'essence du contrat ; seulement on devrai plutôt dire *comme gains*. Mais ceux afférents aux mises des survivants, homogènes aux mises,

doivent être prélevés comme ces mises elles-
mêmes ; et l'on ne voit pas pourquoi ces survivants
prendraient et partageraient sur eux-mêmes leurs
propres intérêts, au lieu de reprendre, chacun par
avance et simplement ceux de son chef.

En y regardant de bien près, l'assignation à
chaque mutuelliste du chiffre de vie propre à son
âge, au moment où il s'engage, combinée avec le
chiffre de la survie tabulaire, à l'âge qu'il aura au
moment de la commune répartition, conserve dans la
formation de la valeur proportionnelle l'élément des
âges, différents dans chaque position individuelle ;
le chiffre de la mise conserve l'élément de la quotité. Que les intérêts figurent pour conserver l'élément de durée, on le conçoit : car sans cela 100 fr.
versés dans un an prendraient donc autant que
100 fr. versés aujourd'hui ? Mais est-ce que leur influence ne se trouve pas là suffisamment exercée ?
Il nous semble que ces intérêts, en se reprodui-
sant faute d'être retirés avant partage, prennent
deux fois part à la répartition ; c'est une fois de
trop.

Celui qui a couru le risque le plus fort ou le plus
prolongé doit avoir plus que les autres : cela est
incontestable et incontesté ; aussi celui qui s'engage pour 25 ans reçoit-il un coefficient propor-
tionnellement plus fort que celui qui ne s'engage

que pour 15. Si le nombre des survivants , après 25 ans, est, supposons, de 75 , il est peut-être de 100 au bout de 15 ans. Or, on sait que , moindre est le nombre des copartageants plus fort est le quotient. Le procédé satisfait à l'occurrence. Au surplus, sans nous arrêter davantage à cette apparence de double emploi , sans nous épuiser en raisonnements peut-être inexacts en même temps qu'inutiles (note E), renfermons-nous dans les raisons exposées au précédent titre, *in fine*, et au commencement de celui-ci. Disons que les trois jeux sont loisibles, que chacun est équitable , mais que les souscripteurs doivent être avertis, et déclarer en connaissance de cause lequel de ces jeux ils adoptent exclusivement aux autres ; que les statuts doivent contenir une prescription à ce sujet, et que les catégories devront alors être distinctes ; cela au moins paraît nécessaire.

Sinon, gardez-vous bien, Messieurs les directeurs, de faire vos répartitions autrement que par le troisième mode: c'est, il n'est pas permis d'en douter, celui qui a été entendu par tous vos souscripteurs ; car c'est le seul naturel, et l'on ne peut réputer sous-entendu que ce qui est naturel et vulgaire, non ce qui est anormal et ne peut entrer dans l'esprit qu'à l'aide d'explications. Il est dit, dans quelque prospectus , que la combinaison est facile à comprendre, que toute personne douée seulement de l'intelligence commune pourra se rendre compte de son règlement, et vérifier l'exactitude de la part allouée par le partage du fonds commun. Oui, si l'on rend d'abord les mises, *capital et intérêts;* non, si l'on suit un autre mode; et alors ceux qui, apercevant une différence à laquelle ils ne se sont point attendus, en chercheront la cause, et la trouvant dans l'application d'un mode anormal, se livreront à des récriminations de nature à discréditer l'institution.

Nous avons soin, dans notre tablé complète, de donner de suite la décomposition du nombre proportionnel; on pourra, d'un trait de plume, déduire la mise et les intérêts, et isoler le coefficient vrai, ou chiffre diviseur réel.

SECTION 2.

Confiscation.

« Si une société s'éteint avant le terme fixé pour
« sa durée, soit par le décès de toutes les têtes en-
« gagées, soit par la déchéance de tous ses mem-
« bres, les fonds de répartition de cette société
« appartiennent à l'État. »

Soit par le décès de toutes les têtes engagées...
Il est bon de rappeler ici ce que nous avons dit

page 30. Dans l'idée simple, on regarde comme très-naturel que si, dans une association de 10 ans, par exemple, toutes les têtes, moins une, sont, dès la huitième année, décédées, la masse soit immédiatement dévolue à l'unique survivant, sans attendre l'expiration des 10 ans; mais il n'était question, dans cette simple idée, que d'une association immédiate dont tous les membres sont une fois connus dès le principe, et qui n'admet point d'agrégations ultérieures. De plus, on supposait tous les associés se connaissant les uns les autres, chacun pouvant être instruit du décès de ses consorts et en rapporter la preuve, de manière que le survivant unique pût justifier de son droit. Dans ce cas, deux ou trois derniers vivants pourraient convenir entre eux de partager, et anticiper la répartition.

L'association à grands nombres, telle qu'on la pratique, est en dehors de ces conditions. Elle reste ouverte jusqu'à sa fermeture, et les décès sont jusque-là ignorés... Il pourra donc arriver, après qu'à un jour donné dans le cours de l'association il n'aurait existé qu'un survivant unique, ou même aucun survivant, qu'il se retrouve cependant plusieurs survivants au jour de la répartition, provenant d'agrégations même ultérieures. On ne peut donc pas appliquer la dévolution ou faculté de répariition anticipée.

Nous nous sommes livrés à cette digression, pour valoir ce que de raison.

Mais, dans le cas de décès de tous les engagés, à part le sentiment de nos mœurs nationales, qui répugne à une exhérédation de ce genre, n'est-il pas constant que le contrat privé n'a lieu que sous la foi qu'il y aura des survivants, au moins un survivant, au terme fixé ? Cette condition ne s'accomplit pas : qu'en résulte-t-il ? Qu'il n'y a pas eu de contrat. Et qu'y a-t-il à faire alors? Rendre les mises aux familles. Le droit et la morale commandent cette restitution.

La confiscation est une peine; mais une peine suppose un crime. Ici, il y a non pas un crime, mais un malheur dans chaque famille, malheur causé par un décès. Est-ce l'application de l'article 539 du Code civil? Mais nous savons avec quelle extrême réserve l'Administration des Domaines, qui est peut-être la plus sérieusement éclairée de toutes les administrations publiques, accepte ces attributions de propriété; quelles épreuves, quelles enquêtes elle provoque avant de faire acte d'ensaisissement : à tel point que même nous doutons qu'elle se trouvât légalement habilitée par cette largesse d'un protocole statutaire, bien qu'ordonnancé : *notre Conseil-d'État entendu.*

Soit par la déchéance de tous ses membres...;
ceci a trait aux placements par versements annuels
mais il est dit ailleurs « que la déchéance, en-
courue par les souscripteurs qui laissent écouler
une année sans opérer leur versement, entraîne la
privation de tous droits aux bénéfices de l'association, non toutefois du capital des annuités payées,
lequel reste leur propriété, et leur est remis, sans
intérêts, à l'époque de la répartition, s'ils survi-
vent. » On ne peut donc pas dire *que le fonds de
répartition appartiendra à l'État.* C'est une inconséquence choquante. Avouez au moins que la
rédaction est bien imparfaite. Elle devrait être
ceci : « La partie bénéficiaire des fonds de ré-
« partition appartiendra à l'État ; les sociétaires
« déchus, survivants, ne reprenant que le capital
« des versements par eux faits. » Mais alors il
faut considérer que l'attribution des bénéfices aux
survivants non déchus n'est motivée que comme
indemnité en leur faveur, et comme pénalité contre ceux qui ont encouru la déchéance. Or, du
moment où il n'y aurait pas de non déchus survivants, pourquoi donc les déchus survivants sup-
porteraient-ils une pénalité vis-à-vis de l'État, qui
a été étranger au contrat, et qui n'a point été dans
le cas de souffrir à raison d'une inexécution, puisqu'aucune exécution vis-à-vis de lui n'était due ?

Véritablement, l'équité est froissée : d'abord qu'il ne se présente aucun non déchu survivant pour recueillir le fonds bénéficiaire, il serait bien mieux d'amnistier les déchus. A coup sûr, ils sont, en cette circonstance, plus intéressants que le fisc, car ils militent *de damno vitando*, tandis que pour le fisc, ce serait un lucre extraordinaire (note F).

SECTION 3.
Tiers bénéficiaire.

« La souscription peut être faite, soit au profit
« du bénéficiaire lui-même, soit au profit d'un
« tiers, à la charge de justifier de son consente-
« ment ; et alors c'est ce bénéficiaire qui est so-
« ciétaire. »

Ce consentement ne serait utile que s'il opérait transmission en faveur du tiers indiqué. Mais les art. 893 et 931 du Code civil lui dénient cet effet ; et l'art. 1121, en supposant qu'on voulût s'en prevaloir, n'est pas applicable. En effet, le directeur statutaire d'une mutualité n'est pas un co-stipulant. Il n'est, pour le souscripteur et ses consorts, qu'un mandataire commun, chargé, moyennant une rétribution, d'administrer un dépôt et de le rendre. La somme qui pourra revenir à ce souscripteur, à l'époque de la répartition, ne viendra point du directeur, mais bien de la masse commune, ou pour mieux dire c'est son propre argent qui lui rentre avec ses auctions tant ordinaires qu'accidentelles. Ce serait donc une libéralité directe, sauf cette seule circonstance que momentanément l'objet donné est hors la main du donateur, se trouvant en dépôt temporaire ès-mains d'un tiers.

L'art. 1121 n'est pas applicable. S'il y avait une induction à faire valoir, elle résulterait plutôt de l'art. 1973. Mais ajoutons que, la matière des donations étant de droit étroit, il est plus sage de dire que la faveur introduite pour le cas de rentes viagères doit être restreinte aux rentes viagères, précisément parce que la loi ne l'a pas étendue au delà.

Le consentement requis par les statuts ne dispense donc pas de ces formes ; dès lors, il n'a par lui-même aucune valeur ; et s'il n'est pas utile, la clause doit être supprimée ; car elle est décevante et dangereuse. Par suite est également nulle la seconde partie de cet article statutaire.

Le danger, le voici : le tiers indiqué pour bénéficiaire va se croire donataire et propriétaire, tandis qu'il n'en est rien. Les héritiers du souscripteur, le souscripteur lui-même, pourront, certes, s'opposer à la délivrance de la part attribuée en répartition. Et que fera le directeur? La remettra-t-il à ce bénéficiaire? Il se compromettrait gravement. Le ministre des finances, lui-même, va se trouver en jeu dans cette question. Appelé, lors des répartitions, à faire confectionner les coupons de rente à remettre à chaque partie prenante, à quel nom en fera-t-il l'immatricule? Nous ne pensons pas que ce soit au nom du bénéficiaire, s'il n'est pas survenu de donation formelle ou de testament, délivrance de legs ou envoi en possession.

Ce contrat est sérieux et doit être traité comme tel. Il intéresse la communauté conjugale et les successions, et la réserve et la quotité disponible. Il faut se donner de garde d'en faire une source de procès, en lui attribuant un caractère ou des extensions qu'il n'a pas. Ce serait un événement déplorable que de voir une disposition statutaire, c'est-à-dire une Ordonnance royale, brisée par les tribunaux et cours, comme contraire aux articles déjà cités, et aussi aux art. 6 et 911, à l'art. 1172 surtout, enfin à la loi civile du pays.

SECTION 4.

Du consentement de la tête engagée.

S'il a été fait un placement d'une très-forte somme, le cosociétaire, souscripteur pour une somme infime, pourrait désirer un prédécès dont l'effet serait de l'enrichir par une dévolution de part considérable à la répartition. Il est donc raisonnable qu'en principe, le tiers dont la vie est mise en jeu donne son consentement.

Mais il n'y aurait pas, selon nous, de critique sérieuse à élever contre un amendement qui affranchirait de la production de ce consentement les placements modiques.

L'art. 1971 du Code civil, qui dispose que la rente viagère peut être constituée soit sur la tête de celui qui en fournit le prix, soit sur la tête d'un tiers qui n'a aucun droit à en jouir, n'exige point, dans ce dernier cas, le consentement de ce tiers.

Et comme cette formalité n'a point trait au patrimoine, à la gestion des biens, mais uniquement à la personne, nous ne voyons pas pourquoi la femme ne serait pas apte à donner ce consentement sans appeler son mari. Si elle est réputée inhabile à gérer ses biens, ce qui est du droit civil, il n'en est pas de même pour le soin de conservation de sa personne, qui est du droit naturel. Nous avançons cette opinion avec d'autant plus de confiance, que les statuts, en admettant le consentement des *parents* d'un mineur, ont eu en vue (on peut le croire) la disposition de l'art. 935 du même Code. S'il en est ainsi, ils ont considéré la question plutôt au point de vue moral et par interprétation large que dans un esprit restrictif.

Enfin, ils pourraient, en vertu de l'art. 1971, ne demander aucun consentement. Ils peuvent donc, sans violer la loi, alléger cette prescription.

Maintenant il faut prévenir les souscripteurs qu'il faudra toujours, tôt ou tard, que ce consentement intervienne, ne fût-ce qu'au moment de la répartition, en forme de certificat de vie ; car le certificat exige, ce nous semble, la comparution en personne soit devant un notaire, soit devant un maire ; et sa forme devra être authentique, puisqu'il doit figurer, comme pièce probante, dans un dossier, dans un travail de répartition attributif de propriété, et de propriété d'une rente sur l'État. La notoriété ne peut suppléer, quelles que soient la haute position et l'existence publique des personnes sur la tête desquelles on se serait avisé de faire son placement.

On ne placera donc point, à la légère, sur la tête d'individus dont on ne serait pas sûr d'obtenir, sans obstacle matériel ou de volonté, le certificat de vie, c'est-à-dire l'adhésion : car c'est tout un. Cette observation est de nature à restreindre aussi la facilité des transferts, où l'agiotage se mêlerait peut-être, sans cette éventualité d'obtenir le certificat de vie, ou de se le voir refuser. Le refus pourrait n'être pas à craindre pour le sous-

cripteur lui-même, parent ou ami de la personne
dont il s'agit de prouver l'existence, mais il pourrait l'être pour le cessionnaire n'ayant pas droit
aux mêmes bons offices.

SECTION 5.

Classes fractionnées par destination.

Il n'y a point de motifs pour distinguer les placements par leur destination : frais d'éducation
ou apprentissage ; études supérieures ; remplace-
ment militaire ; dots ; établissement ; pécule pour
la vieillesse. Il vaudrait mieux mettre de côté cette
nomenclature qui semble faire une condition de
l'emploi indiqué. Le père de famille peut croire
qu'il est tenu de s'y asteindre, sans pouvoir, si sa
fille ne peut ou ne veut pas se marier, si son fils
n'est pas porté aux études supérieures, changer
l'application du fonds placé. Son intention doit
rester mentale ; et, au surplus, elle se dessine et
reste suffisamment présente à son esprit par la
durée qu'il assigne à son placement, 9 ans d'âge
pour l'apprentissage, parce que c'est à cet âge
qu'il y faut penser, 20 ans d'âge pour le rempla-
cement militaire, etc., etc.

Cette division en groupes, qui n'a pas d'utilité
réelle, est contraire aux grands nombres, condi-

tion nécessaire pour que la probabilité se conforme
à la réalité.

SECTION 6.

De la mise en demeure, ou des avertissements à donner.

Dans les circonstances graves, par exemple
lorsqu'il s'agit d'avertir les souscripteurs d'une
condition à accomplir, de la prochaine échéance
du terme fatal, de la déchéance ou forclusion im-
minente, on croit avoir fait merveille en insérant
dans les Statuts « que cet avis sera donné par
lettre *contresignée d'un membre du conseil de
surveillance.* » Mais l'important, ici, ce n'est pas
tant la confection de la lettre d'avis que son envoi
et son arrivée au destinataire. Une lettre est écrite :
qu'est-ce qui constate son départ, et qu'est-ce qui
empêche un directeur de la retenir ? Rien ; aucune
garantie contre la négligence ; aucun moyen de
répondre au souscripteur qui pourra dire : « Je n'ai
pas reçu votre lettre. » Les lois de la procédure
indiquent une forme bien plus complète, que l'on
peut adapter par imitation. Dites que les lettres
d'avis, en la forme de l'exemplaire annexé, seront
mises à la poste, en présence d'un membre du
conseil de surveillance, aux adresses des souscripteurs dont la liste sera également annexée au pro-
cès-verbal de ce fait, rapporté par ce membre dé-

légué au livre des délibérations. L'envoi, au moins, devient constant. Quant à la remise à destination, elle est appuyée par une présomption équivalente à preuve ; car l'exactitude de la poste est une présomption équivalente à preuve ; et, au surplus, la direction et le conseil se trouvent avoir fait tout ce qu'il était possible pour que ces avis arrivent à leur adresse.

Membres d'un conseil de surveillance, nous hésiterions à donner le contre-seing : c'est une sorte d'immixtion, et d'ailleurs, nous craindrions le reproche de n'avoir fait qu'une chose inutile ; tandis que nous n'hésiterions pas à certifier le fait matériel de mise à la poste ; et là est l'utilité.

(Voir, pour une autre modification, à la page 91, ci-après.)

TITRE VII.

Idée des avantages du placement viager. — Condition d'un loyal fractionnement. — Conseils pour la durée des placements, etc. — Idée sur le grand nombre.

A part les avantages particuliers attachés à certaines espèces de combinaisons, à part la convenance que chaque position isolée peut trouver à ces placements, ils offrent en général de l'attrait.

Sur une tête de zéro d'âge, 1 fr. de mise peut devenir, en 2 ans, 1 fr. 50 c.

1 fr., placé à 65 ans d'âge pour 25 ans, dépassera 100 fois la mise.

A 55 ans, pour cette même durée, l'expectative est de 15 à 16 fois la mise.

Dans ces supputations, nous avons égard au plus de rapidité de la mortalité réelle, que de la mortalité réputée lente de Demonferrand, et aussi aux forclusions possibles des souscripteurs qui ne produisent pas, en temps utile, à la répartition.

Mais, dans les âges moyens et dans les positions communes, les résultats ne peuvent pas être aussi brillants. Ils sont en raison des risques pesant sur la tête engagée ; ils doivent donc décroître à mesure que l'individu approche des âges plus vitaux de l'adolescence et de la virilité, pour reprendre leur importance, arrivant la vieillesse et l'âge extrême de la vie.

Ce n'est donc point absolument une hyperbole que de dire que la mise pourra être doublée, quintuplée et au delà, dans un certain délai ; mais il serait mal de généraliser et d'affirmer qu'on obtiendra ces résultats brillants à tous les âges.

En dernière analyse, on obtient, tout en conservant son capital, l'intérêt viager. C'est certainement un avantage. Dans la rente viagère, on place irrévocablement à fonds perdu. Si l'on vit longtemps , on perçoit plus longtemps sa rente ; mais il n'y a plus esprit de retour quant au capital. Dans la mutualité viagère , si l'on ne touche pas la rente on l'accumule; et, si l'on survit, on retrouve et l'on touche, à la fois , la rente accumulée et le capital. Peut-être même y a-t-il moyen de se créer, par une certaine combinaison , des rentrées périodiques, même annuelles : c'est ce que nous verrons dans la deuxième partie.

Cet intérêt viager ne fût-il, dans les cas ordinaires , que de 9 à 10 p. 100 , dans un moment où les placements hypothécaires , en rentes sur l'État et en propriétés urbaines, produisent à peine 4, et les propriétés rurales de 2 à 3 , la différence est bien suffisante pour couvrir le risque de perte par décès, risque dont on se préoccupe communément assez peu : celui qui joue sur la vie, est toujours persuadé qu'il deviendra centenaire.

Notre table donne, dans toutes les positions , la notion du produit probable. Ainsi, l'idée vous prend, âgé de 68 ans 9 mois, de risquer 1,000 fr. pour, si vous survivez à 75 ans , recueillir une somme plus importante , dans la vue soit de préparer un héritage plus riche, soit de vous procurer un surcroît de bien-être à la fin de vos jours; le placement sera donc fait pour 6 ans 3 mois, qui sont le temps à courir, de 68 ans 9 mois à 75 ans d'âge. Ouvrez la table, et vous y voyez que le coefficient de survie est d'environ 2,200 fr.

De même à chaque âge fractionné et pour toutes durées fractionnées de trois mois en trois mois. Si l'on a compris le programme de cette table, on sait déjà qu'elle est construite dans ce but.

On aime à thésauriser pour l'avenir lorsque le moyen s'offre, facile et sans privation sensible, de placer sûrement et avec chance d'accroissement, soit une fraction (que l'on puisse perdre sans deuil en cas de décès de la tête engagée) de son capital, soit par mises faites au fur et à mesure que la possibilité s'en présente, le produit de ses économies. Ce qui surtout est déterminant, c'est l'intérêt composé sans perdre un seul jour de fructification, avantage qu'il est impossible de réaliser isolément.

Cette institution tend à la moralisation publique, en introduisant dans la famille les habitudes d'épargne. Tout homme qui fait ce placement prend en quelque sorte, vis-à-vis de lui-même et avec ceux à qui il destine le bénéfice de son contrat, l'engagement d'effectuer les économies nécessaires pour se maintenir dans son expectative ; et ce sentiment est déjà beaucoup pour assurer à l'institution le crédit qu'elle doit avoir.

Dans la caisse d'épargne, aucune clause coercitive n'existe; et cependant, chacun y porte son argent. Ceux dont le pécule est trop fort pour y être admis ou conservé regrettent d'en être exclus. Les caisses de placement mutuel viager sont ouvertes au trop-plein des caisses d'épargnes. Il est vrai que le système change, et que si le profit est plus considérable, auprès de ce profit il y a un risque, mais il y a aussi cette circonstance particulière, et qui n'est pas sans importance, que les fonds, une fois placés, subissent jusqu'à l'époque de la répartition, une sorte de séquestre qui empêche de les dissiper, de les retirer par caprice. La bonne action accomplie ne peut être rétractée. C'est en ce sens qu'on peut dire que l'épargne devient obligatoire, à part toute emphase de prospectus, à part aussi les clauses coercitives dont nous ne sommes pas partisans; on le verra dans la troisième partie.

Au-dessous du point de vue humanitaire (note G), il est bon, dans l'intérêt gouvernemental, que, les citoyens ayant leur pécule placé en valeurs de l'État, chacun ait intérêt de conserver la paix et la prospérité générales, à contribuer, pour sa part, à leur maintien.

Mais la pratique doit être également honorable et digne (note II). Notre susceptibilité s'alarme de voir ces affaires trop souvent confiées aux soins d'agents hors d'état de répondre, comme il conviendrait, aux doutes, aux interpellations, que les positions relatives doivent à chaque instant susciter, et de donner aux familles une direction et des conseils vraiment tutélaires. Dans la préparation des placements, la confidence est nécessaire; et généralement elle ne s'accorde qu'avec hésitation; il faut du temps; il faut, pour l'obtenir, de la dignité dans la personne et dans le caractère.

L'opération est excellente en soi; mais il y aurait bien des mesures d'amélioration à introduire par les directeurs d'établissements, et, dans les statuts, bien des dispositions de sage prudence à insérer de la part du ministère public chargé de la haute surveillance (note I).

CONSEILS SUR LA DURÉE RAISONNABLE DES ENGAGEMENTS. Hors les âges de l'enfance ou approchant de la vieillesse, où il peut y avoir utilité à faire des engagements d'un an, parce que la mortalité d'un an a une intensité suffisante, il n'y en a que peu ou point à faire des engagements de courte durée. Un versement opéré à une époque voisine de la répartition ne peut produire qu'un résultat illusoire. C'est, en vérité, envoyer un argent à Paris pour le reprendre, quelques mois après, en mêmes espèces et sans fructification effective, la mortalité pouvant et devant vraisemblablement être nulle pendant ce bref intervalle , et les intérêts se trouvant absorbés, et au delà, par les droits de gestion.

Les agents se mettront bien auprès de la clientèle en leur communiquant ces avis, et en les engageant à ne pas faire de versements pour moins de 4 à 5 ans de durée et de fructification.

Il serait peut-être convenable de faire de ceci une prescription statutaire qui ordonnerait la clôture des classes, 4 ou 5 ans avant la répartition. Mais , à raison de ce qui vient d'être dit, que le placement peut être utile , même par une durée moindre, aux âges où le danger de mort est imminent, cette prescription ne devrait régir que les âges intermédiaires, non l'enfance, et non la vieillesse que l'on peut réputer commençant à 65 ans.

Nous avons rencontré des gens qui croyaient que 1,000 fr., placés à raison de 100 fr. par an, pendant 10 ans, étaient la même chose que 1,000 fr. placés de suite. Il y a, certes, une grande différence ; car 100 fr. par an payés pendant 10 ans ne présentent qu'environ 775 fr. payés ce jour, et ne peuvent produire que le coefficient afférent à 775 fr. Il faudrait au moins une admonition quelconque pour prémunir la clientèle contre les erreurs et les mécomptes de ce genre : les agents intelligents feront également leur profit de cette observation.

Ils devront avoir des IDÉES SAINES SUR LE GRAND NOMBRE.

La condition que toutes les têtes engagées soient nées dans la même année est sans utilité déterminante ; et elle peut nuire aux grands nombres. L'enfant engagé à la naissance exerce le droit plus lucratif correspondant à ses chances plus périlleuses, dans un concours avec des individus d'autres âges tout aussi bien que dans un concours réduit entre contemporains.

Les cosociétaires qui, à raison de leurs chances moins périlleuses, ont un produit probable, valeur proportionnelle ou chiffre diviseur, moindre, prennent en définitive moins dans la masse, et ce qu'ils prennent de moins est ce que le souscripteur le plus exposé (dans la vieillesse de même que dans l'enfance) prend de plus.

Si tous les assurés entrent à zéro d'âge, ce n'est plus un seul, ce sont *tous* qui se présentent à la répartition avec un chiffre diviseur plus fort.

Soient 10 enfants pris à la naissance, engagés pour 10 ans, à 100 fr. chacun.

La masse de 1,000 fr. devient, par intérêts composés, 1486 fr.

Le chiffre diviseur est 218,266, le même pour tous.

Dans cette espèce, où la parité des mises et des

âges exempte de toute complication, admettons aussi que les décès réels soient conformes à la probabilité, qui a déterminé les valeurs proportionnelles 3,192/10,000, il est clair que chaque survivant aura juste.................... 218-26

Au lieu de cela, que les engagistes aient des âges différents, ces âges dépassant la première enfance, la mortalité sera moindre : n'admettons que deux décès.

Engagé.	Âge.	Chiffre diviseur.		
1er	0	2,18266		238
2e	1	1,83711 Décès.		»
3e	2	1,73133		187
4e	3	1,67682		180
5e	4	1,64459	13,6372 pour répartir 1486 fr.	179
6e	5	1,61951 Décès.		»
7e	6	1,60450	C'est le diviseur total, déduits les décédés ; et la répartition s'opérant donne aux survivants les quotients ci-après :	177
8e	7	1,59255		175
9e	8	1,58824		174
10e	9	1,58530		173
				1486

Égalité, sauf des différences compensées : on n'a pas, dans ce simple exemple, visé à une précision centésimale.

Non-seulement l'enfant entré à zéro d'âge n'a

8.

pas moins, mais il a plus, en concourant avec des associés d'un âge moins exposé que par le concours avec d'autres enfants pris à la naissance.

Toujours dans le but d'arriver au grand nombre, la disposition statutaire qui autorise des sociétés temporaires au nombre de 10 membres, nous paraît irréfléchie et à modifier. Prenez donc 10 personnes de 20 à 40 ans, âge où l'on ne meurt pour ainsi dire point ; et si, en effet, arrivant le terme fixé, personne n'est mort, malgré la probabilité qui, équipollente à la vérité sur un grand nombre, fera défaut sur un nombre restreint, que deviendra le placement de survie ? Il sera au moins dérisoire. Les agrégations, observe-t-on, sont promptes et augmenteront rapidement le nombre initial. Cela se peut; mais, par cette raison même, puisque, d'après les dispositions des statuts, il peut s'écouler un an entre l'ouverture d'une classe et sa constitution, pourquoi ne pas dire qu'elle ne sera constituée qu'autant qu'elle réunira une centaine d'engagés ?

Sur le nombre restreint de 10 membres à l'origine, si quelques-uns ne payent pas, que devient la classe ? Il fallait dire qu'elle serait constituée *provisoirement* lorsqu'il y aurait 10 souscriptions, et *définitivement*, seulement quand elles seraient réalisées par versement, sauf, pendant le bref intervalle qu'il faudrait ménager, le séquestre momentané des sommes versées ; leur emploi inamovible en rentes devant être ajourné jusqu'à la constitution définitive.

Cela ou quelque autre mesure analogue.

Cette observation, d'ailleurs, avait peut-être plus convenablement sa place dans les sections du titre qui précède : mais elle nous vient à l'instant même. Elle n'échappera pas pour être laissée ici.

Du reste, le grand nombre n'augmente pas le quotient. La mortalité, qui est la mesure du gain, est toujours proportionnelle. Si le gain a été de trois fois la mise parce que, sur 20 personnes, il en sera mort 5, il est évident que, la mortalité sur 100 étant de 25 (parce que $20 : 5 :: 100 : 25$), le gain sera le même ; car le partage aura lieu entre 75 survivants, d'un dividende de 25, ce qui est absolument homologue au partage, entre 15, d'un dividende de 5.

FIN DE LA PREMIÈRE PARTIE.

NOTES DE LA PRÉMIÈRE PARTIE,

A   (Page 18).

Ce jugement a été rendu pendant la magistrature de
M. Pepin-Lehalleur, par la section que présidait M. Jules
Renouard, au rapport de M. Bertrand, sur l'instance dirigée
par M. Hamelin, ancien avoué à la cour royale de Paris,
lequel postulait alors l'autorisation royale pour la fonda-
tion de l'Économie (il l'a obtenue depuis), et avait à cœur
de faire déclarer l'illégalité des établissements fonctionnant
sans cette autorisation. M. Vilcocq, par des travaux persé-
vérants et utiles, et M. Demontry, aujourd'hui directeur de
L'Équitable, par son accession, ont coopéré à cette attaque,
justifiée par une réforme salutaire. La bonne cause eut pour
avocat M. Léon Duval : large carrière à ses inspirations toujours spirituelles.

Nous fixons ces faits, parce que, le succès obtenu, bien
des gens qui n'y avaient été pour rien, plaideurs, avocats,
juges même, ont voulu s'en donner les gants.

B   (Page 22).

Peut-être le ministère de l'agriculture et du commerce,
qui est surchargé de travaux, se féliciterait-il de cette mesure.

Le préambule du décret de 1809 indique que le comité de
législation fut consulté. Peut-être que, s'il eût coopéré au
contrôle des statuts qui régissent plusieurs établissements

nouveaux, on n'y eût pas laissé passer diverses dispositions lancées à la légère par les postulants, mais qui auraient dû être élaguées ou considérablement amendées.

C (Page 26).

Lorsque le chancelier Lhopital rédigeait l'édit de 1563, et attribuait aux *consuls des marchands* la connaissance des *procès élevés entre marchands pour fait de marchandises seulement*, il était loin de prévoir que, dans une grande circonstance politique (en 1830), les *consuls des marchands* jugeraient le gouvernement et la dynastie.

Tous les jours il arrive, lorsqu'une question de droit se présente dans un procès, que ces juges, avant de délibérer et statuer, renvoient l'examen de cette question à un arbitre-rapporteur, n'ayant pas par eux-mêmes, officiellement au moins, les notions nécessaires, et ne pouvant les acquérir par une judicature qui cesse au bout de deux ans. Les questions qui excèdent le fait de marchandises sont donc jugées d'après l'opinion, ou sous l'influence de l'opinion d'un familier p'us ou moins apte. Est-ce bien là l'esprit de l'institution ? Dans l'affaire des établissements illicites d'assurances, le tribunal a rendu un bon jugement, un service immense au public ; mais nous ne sommes pas convaincus que cette affaire fût de son domaine.

D (Page 46).

On peut employer une méthode plus savante. Elle n'est pas plus brève et le résultat est le même ; aussi cette variante n'est-elle indiquée que comme contre-épreuve.

Toute position dans l'échelle tabulaire donne lieu à deux

notions qu'on peut facilement extraire : la chance de survie et la chance (ou le danger) de mort.

A 50 ans d'âge pour 25 ans, le chiffre de vie est de. . 4591
Et celui de survie est de,...................... 1479

Mortalité dans ce laps de temps................. 3112

En divisant le nombre des décès par le chiffre des vivants à l'origine ,

on a $\dfrac{3112}{4591} = 0,67785$, chance individuelle de mort.

Vice versâ : en divisant le nombre des survivants par le chiffre des vivants à l'origine,

on a $\dfrac{1479}{4591} = 0,32215$ *Id.*   *Id.*   de survie.

Total, l'entier 1,00000 ; et ces coefficients sont le complément arithmétique l'un de l'autre.

Maintenant si l'on divise, par le chiffre de survie individuelle, la mise accrue des intérêts composés, on a :

$\dfrac{2,69143}{0,32215} = 8$ fr. 35 même résultat que par le procédé vulgaire, sauf une différence de 0,01 c. provenant des fractions de fractions, et qui ne tire pas à conséquence.

1   » à prélever, montant de la mise.

7 fr. 35 pour intérêts et bénéfices.

E (Page 69).

En fait de science, nous ne savons, comme on dit vulgairement, que nos quatre règles ; mais aucun effort ne nous coûte pour nous rendre compte des choses qui peuvent être appréciées par le raisonnement. Pour ce qui était transcendant (dans la 2e partie), nous avons eu recours à l'aide bienveillante d'un homme spécial, M. F. Landry, simple licencié-ès-sciences, *qui n'a à vous offrir le rang et la fortune*, ni d'inspecteur des études, ni d'examinateur, ni même d'ancien élève de l'École polytechnique, mais dialecticien puissant et praticien éclairé. Nous regrettons bien d'avoir été privés de cette assistance pour élaguer tout ce qu'il peut y avoir de gêné et de superflu dans cet examen de la question de reprise. Par lui, nous aurions pu nous éclairer sur une question accessoire : voilà des coefficients qui ne vont faire l'office de chiffres diviseurs qu'après qu'on en aura déduit la mise, ou la mise et les intérêts. C'est donc d'abord un chiffre fictif ; et il faut cette déduction pour dégager le chiffre vrai ; c'est une valeur qui entre pour sortir. Est-ce que la science n'aurait pas un moyen plus expéditif pour arriver d'emblée au chiffre vrai du nombre proportionnel lucratif ?

Demonferrand s'était posé en maître en cette matière. Dans un article inséré au *Journal des Débats* (20 septembre 1842), il se déclare surveillant officieux dans l'intérêt des pères de famille ; et, après avoir annoncé *qu'il a eu l'honneur* d'être consulté par le comité du commerce (commission du conseil d'État), *qu'il a eu le bonheur* de tomber d'accord *avec ces hommes éminents; et qu'il ne peut rester que quelques imperfections de détail*, il parle d'abord de la clause de déchéance... Nous ne voulons pas ici entamer cette matière, qui est, certes, un objet capital, réservé pour notre 3e partie ; mais ensuite il dit quelques mots de la reprise préalable des mises, et il approuve qu'elle ait lieu.

Il approuve, car ce n'est pas dans son propre fonds qu'il puise cette convenance ; il la trouve exposée, démontrée dans deux articles publiés par M. Jules Le Bastier dans le *Constitutionnel* des 25 août et 8 septembre 1841.

Après avoir exprimé que la perfection, dans ces opérations, dépendra toujours d'un rapprochement, le plus immédiat possible, des répartitions et liquidations, tendant à substituer la réalité à la probabilité, M. Le Bastier indique la nécessité d'un règlement de chaque mise en égard aux éléments combinés de somme, d'âge et de durée. Il indique même la manière de s'y prendre. Nous avions donc raison de dire que lorsque Demonferrand a élaboré des tables de valeurs proportionnelles, fort imparfaites d'ailleurs, le programme lui en avait été fourni.

Enfin, M. Le Bastier déclare, avec motif, qu'on ne doit faire porter la répartition que sur le fonds des extinctions, et non pas sur la masse brute. En d'autres termes, c'est la reprise préalable de tout ce qui n'est pas fonds d'extinctions, reprise par les survivants de capital et d'intérêts.

Voici maintenant en quels termes Demonferrand s'exprime :

« On a eu l'idée d'un mode de répartition qui consiste à remettre d'abord à chaque survivant *son capital*, et à partager ensuite le bénéfice réel, etc. »

Ainsi, il retient les intérêts comme *bénéfice réel*, et ne remet que le capital, n'entrant qu'à moitié dans la bonne route qui lui est tracée. Et de fait, dans ses tables, il ne fait reprendre que le capital.

Il n'est pas permis d'en douter. Demonferrand était apte à comprendre le problème, à l'examiner sous toutes ses faces et à le résoudre. Au lieu de cela, il semble craindre et esquiver le difficulté et le travail. On cherche la raison de cet oubli de soi-même. Est-ce que l'*honneur*, le *bonheur*, le contact avec des *hommes éminents*, avaient oblitéré ses idées ? En tout cas, il n'est pas besoin d'en référer à la postérité pour juger à quel point on doit se féliciter du concours de Demonferrand avec la commission du conseil d'État, et s'il est vrai *qu'il ne restait plus que quelques imperfections de détail.*

M. Le Bastier termine ses articles par des réflexions sévères, mais vraies. Nous nous abstenons de les citer, mais nous sommes bien aise de faire remarquer que bien avant nous, un homme d'un grand sens avait déjà signalé et vivement censuré les négligences, les erreurs et les fautes dont nous provoquons le redressement.

F   (Page 74).

En trois lignes, on bâcle un règlement sur les intérêts les plus graves ; et puis viendront les procès de tout genre.

On appelle hommes de mérite les gens à idées larges, et l'on appelle dédaigneusement hommes d'affaires ceux qui étudient les détails. Est-ce qu'il ne faudrait pas préférer ces derniers, précisément à raison de ce que , penseurs et travailleurs à la fois, ils se font un devoir de cette étude? Les combinaisons de l'industrie n'ont souvent de véritable utilité que celle que leur imprime une exécution minutieuse, mais intelligente, loyale et bien dirigée.

G   (Page 85).

Notre civilisation, toute égoïste (chacun pour soi), s'occupe peu de l'intérêt humanitaire. Elle voudrait abaisser sous son régime le principe sociétaire (chacun pour tous et tous pour chacun), idée d'un ordre bien plus élevé, qui pourrait toutefois être mise en pratique, en respectant, d'une part, sa haute origine, et en réglementant, d'autre part, son exécution. Mais ce serait un grand travail à entreprendre....
On ne l'entreprend pas; on ne s'occupe que peu ou point des travailleurs; on les laisse (qu'on nous passe l'expression)

9

s'en tirer comme ils pourront. On fait l'aumône ; mais on n'exerce pas la bienfaisance.

Le système sociétaire a un tel attrait qu'on voit tous les jours se former, pour des intérêts comparativement bien petits, des associations tendant, soit par un fonds commun, soit par un travail commun ou une vie commune, à accroître le bien-être de leurs membres, en allégeant les charges individuelles, en les compensant avec les services rendus à l'union, en éloignant le parasitisme.

Dans le placement mutuel viager, il y a malheureusement cette observation à faire que chaque sociétaire ne contribuera au bien-être des autres que par sa mort, au lieu d'y contribuer par une vie active et intelligente. Il ne peut gagner qu'en risquant de perdre ; et l'événement heureux pour lui, ce sera la mort de ses cosociétaires. Autre observation : le bien-être n'est pas actuel ; c'est un futur contingent. Toutefois, comme il faut bien prendre les choses telles qu'elles sont, nous avons pu dire que la mutualité viagère était une institution heureuse, tendant à produire le bien-être par l'épargne, la sobriété et les habitudes d'ordre.

II (Page 85).

Certes, nous sommes loin de goûter ces annonces, en lettres coloriées, sur les Water-closets, comme d'un baume, ou autre marchandise qui se vend sur le comptoir. Nous savons, et il faut en gémir, que des agents voyageurs font des prédications publiques. Ils adoptent des emblèmes et des titres imposants. Les uns ont une médaille ; nous avons vu la médaille de l'association, établissement aujourd'hui mis en gérance pour mauvaise administration ; preuve que la forfanterie ne fait pas le succès. Les autres ont un diplôme où le protocole de l'ordonnance royale « Louis-Philippe, etc. » est imprimé en très-gros caractères, et tout le surplus est en caractères imperceptibles. On ne lit que ce qui est lisible, et l'on croit vraiment qu'ils ont, *de par le roi*, un caractère officiel pour provoquer et recueillir des souscriptions.

Ils distribuent des prospectus où il est dit que Londres renferme cent établissements pareils à celui qu'ils représentent.... Nous avons vu, à la fin de notre titre, ce qui en est. Citer faux pour nous ravaler au rôle de copistes lorsque nous sommes créateurs, c'est avoir bien peu de vergogne.

Ils disent que si la mutualité en cas de vie peut rendre en peu de temps (ce qu'ils prouvent à leur manière) deux ou trois fois la mise dans une association de quelques personnes, ce résultat serait énormément plus remarquable dans une association qui compterait des centaines, des milliers de souscripteurs; qu'au lieu de doubler leurs capitaux, les sociétaires d'une classe très-nombreuse sont appelés à les retirer quintuplés, décuplés même, etc.... A la fin du titre auquel se rapporte la présente note, on voit ce qui en est.... Pardonnons à ceux qui répètent ces choses, parce qu'ils les ont entendu débiter ; mais ceux qui les ont dites les premiers étaient de hardis sycophantes.

N'importe ; le public qui les écoute n'a pas les idées présentes ou suffisamment éclairées pour les réfuter. La parade alors devient complète. M. le maire est content; tout le monde est content; plusieurs messieurs se font, sur place, tirer une dent. L'orateur, l'opérateur, aussi, est content ; il a fait ses frais.

Que n'est-il possible, avec l'arme du ridicule, de tuer le charlatanisme ! Le charlatanisme et l'impéritie ne sont pas les moindres dangers à craindre pour les établissements naissants. Il faut prémunir le public contre les mécomptes où pourraient l'entraîner certains agents et sa propre ignorance (bien pardonnable chez lui) de choses si ardues ; il faut lui offrir des notions élémentaires, et, le plus possible, faciles à saisir. Telle est la recommandation que nous faisons ; et tel est le but de nos essais et des tables de répartition.

Les directeurs d'établissements, s'ils entendent leur véritable intérêt, s'ils veulent s'assurer un avenir durable au lieu de l'escompter imprudemment, comprendront que leurs mandataires doivent opérer avec intelligence et probité ; car c'est aux directeurs que s'adresseraient, en définitive, les doléances, et, ce qui est pis, les assignations.

Non pas que nous voulions que ces agents étudient la matière comme pour la professer, ce serait trop exiger ; mais qu'au moins ils aient la dose de discernement suffisante pour ne pas tomber dans de grosses bévues.

Il faut qu'ils sachent dire à peu près, et sans hyperbole mensongère, quel pourra être le coefficient de *telle* somme placée. Il faut qu'ils conçoivent que 100 fr. payables dix fois d'année en année ne sont pas la même chose que 1000 fr. payés de suite ; et si un client, en faisant de suite un placement, annonce l'intention d'en faire un autre de même somme dans un an, un autre de même somme dans 2 ans, et ainsi de suite, il doit d'abord et consciencieusement conseiller des modifications, le dissuader, par exemple, du placement à faire, par suite de cette idée, dans 19 ans pour 1 an, dans 18 ans pour 2 ans, même dans 17 ans pour 3 ans, attendu que ces courtes durées ne peuvent, en général, produire que des résultats insignifiants. Il l'invitera, ce qui est bien mieux pour tous, à faire tout son placement dans les premières années, et plutôt en mettant plus d'abord et moins ensuite qu'en mettant peu d'abord et davantage plus tard.

Il faut qu'il ait le bon sens de comprendre et de faire comprendre que, pour régler par aperçu, à l'avance les résultats probables de ces placements annuels successifs, on doit à chaque anniversaire compter un an de plus d'âge et un an de moins de durée.

Un agent (qui a cessé de l'être) faisait l'engagement d'une dame âgée de trente ans. Elle annonçait l'intention, en faisant un premier versement de 250 fr., de le faire suivre de dix-neuf autres de même somme d'année en année ; et elle demandait ce que cela pourrait lui produire.

Répondant à l'interpellation, l'agent réglait bien la première mise ; il posait bien 30 ans d'âge pour 20 ans de durée ; mais au lieu de poser, à la seconde mise, 31 ans pour 19 ans, à la troisième 32 ans pour 18 ans, et ainsi de suite, il n'observait que le décroissement de durée et non l'accroissement d'âge, de sorte que la dame avait toujours 30 ans. Cela était sans doute d'une galanterie exquise ; mais c'était fort décevant pour arriver au chiffre demandé ; il y a des positions où cette fausse route aboutirait à un énorme mécompte ; et qui en serait garant? Le directeur.

I (Page 86).

Il y a mieux à faire.... On agira d'après l'expérience. Ce sont phrases à l'usage des natures paresseuses. Mais pourquoi laisserait-on les choses imparfaites, lorsque de suite on pourrait les faire plus régulièrement? Nous appelons de tous nos vœux une révision sérieuse et efficace, qui devra d'abord s'occuper de mettre les clauses statutaires plus en harmonie avec les principes généraux du droit. Il est vrai de dire que, dans les inventions humaines, le règne du faux précède toujours le règne du vrai. Mais ce n'est pas une raison pour se complaire dans le provisoire, quand il est à ce point défectueux et surtout quand le mieux nous tend les bras. Ce n'est pas ici une affaire d'état, c'est tout simplement un contrat qui pouvait être bien pondéré, bien formulé de prime saut; il ne fallait que s'en donner la peine.

Terminons par une citation qui sympathise heureusement avec nos idées et nos intentions. Elle est extraite d'un manuscrit paraissant avoir servi de rapport dans la discussion des statuts de la compagnie Ballard, dont nous aurons occasion de parler dans notre 2e partie.

« Quelque nombreux, quelque réels que puissent être les
« avantages qu'offrent au public des établissements avec
« lesquels on peut, à des conditions modérées et en toute
« sécurité, satisfaire, dans une multitude de circonstances
« diverses, à des convenances fréquemment existantes, et
« quoiqu'on doive être convaincu que le sentiment de ces
« avantages se répandra assez généralement pour les faire
« réussir et prospérer, ils rencontrent nécessairement des
« préventions et des défiances qui s'attachent à leurs pre-
« miers actes.

« D'un autre côté, peu de personnes, dans le grand nom-
« bre de celles qui composeront la clientèle, sont en état
« d'apprécier bien nettement par elles-mêmes des résultats
« fondés sur des calculs assez compliqués, et sur des prin-
« cipes aussi abstraits.

« Au moins ces principes doivent-ils être publiés. En
« exposant au grand jour les éléments sur lesquels on opère
« et leur moralité on met tout le monde à portée de juger
« que les offres satisfont à la condition première de tout con-
« trat de ce genre, savoir : que les avantages seront propor-
« tionnels aux fonds exposés. Ces communications et autres
« analogues prouvent la sincérité des intentions. Elles éta-
« blissent une heureuse sympathie entre les administrateurs
« des établissements et les clients qui leur confient leurs in-
« térêts, en prouvant à ceux-ci qu'ils ont, en ces adminis-
« trateurs, des mandataires, des protecteurs zélés, plutôt que
« des gens d'affaires, etc., etc. »

APPENDICES.

N° 1. — Table d'intérêts composés à 4 0/0 progressant par trimestre, et capitalisation par semestre.

ans.	mois.	fr.	ans.	mois.	fr.	ans.	mois.	fr.
0	»	1.000.000	9	»	1.428.245	18	»	2.039.883
	3	1.010.000		3	1.442.527		3	2.060.282
	6	1.020.000		6	1.456.809		6	2.080.680
	9	1.030.200		9	1.471.377		9	2.101.487
1	»	1.040.400	10	»	1.485.945	19	»	2.122.288
	3	1.050.804		3	1.500.805		3	2.143.511
	6	1.061.208		6	1.515.664		6	2.164.734
	9	1.071.820		9	1.530.821		9	2.186.381
2	»	1.082.432	11	»	1.545.977	20	»	2.208.029
	3	1.093.256		3	1.561.437		3	2.230.109
	6	1.104.080		6	1.576.897		6	2.252.190
	9	1.115.121		9	1.592.666		9	2.274.611
3	»	1.126.162	12	»	1.608.435	21	»	2.297.133
	3	1.137.423		3	1.624.519		3	2.320.105
	6	1.148.685		6	1.640.603		6	2.343.076
	9	1.160.172		9	1.657.009		9	2.366.507
4	»	1.171.659	13	»	1.673.415	22	»	2.389.927
	3	1.183.375		3	1.690.449		3	2.413.826
	6	1.195.092		6	1.706.883		6	2.437.725
	9	1.207.043		9	1.723.952		9	2.462.103
5	»	1.218.994	14	»	1.741.021	23	»	2.486.470
	3	1.231.183		3	1.758.431		3	2.511.534
	6	1.243.373		6	1.775.841		6	2.536.199
	9	1.255.807		9	1.793.600		9	2.561.561
6	»	1.268.241	15	»	1.811.358	24	»	2.586.923
	3	1.280.923		3	1.829.472		3	2.612.792
	6	1.293.606		6	1.847.585		6	2.638.661
	9	1.306.542		9	1.866.061		9	2.665.048
7	»	1.319.478	16	»	1.884.573	25	»	2.691.435
	3	1.332.672		3	1.903.382		3	2.718.349
	6	1.345.867		6	1.922.227		6	2.745.263
	9	1.359.326		9	1.941.450		9	2.772.716
8	»	1.372.784	17	»	1.960.672	26	»	2.800.168
	3	1.386.512		3	1.980.278		3	2.828.170
	6	1.400.240		6	1.999.885		6	2.856.172
	9	1.414.242		9	2.019.884		9	2.884.733

Suite de la Table d'intérêts composés.

ans.	mois.	fr.	ans.	mois.	fr.	ans.	mois.	fr.
27	»	2.913.295	34	»	3.844.083	41	»	5.083.238
	3	2.942.428		3	3.882.524		3	5.134.070
	6	2.971.561		6	3.920.965		6	5.184.803
	9	3.001.286		9	3.960.174		9	5.236.651
28	»	3.031.012	35	»	3.999.384	42	»	5.288.459
	3	3.061.322		3	4.039.378		3	5.341.343
	6	3.091.632		6	4.079.871		6	5.394.227
	9	3.122.548		9	4.120.165		9	5.448.169
29	»	3.153.465	36	»	4.160.959	43	»	5.502.411
	3	3.185.011		3	4.202.568		3	5.557.133
	6	3.216.558		6	4.244.178		6	5.612.454
	9	3.248.723		9	4.286.619		9	5.668.975
30	»	3.280.889	37	»	4.329.061	44	»	5.725.097
	3	3.313.698		3	4.372.352		3	5.782.348
	6	3.346.506		6	4.415.642		6	5.839.598
	9	3.379.974		9	4.469.799		9	5.897.994
31	»	3.413.436	38	»	4.543.955	45	»	5.956.390
	3	3.447.571		3	4.559.095		3	6.015.954
	6	3.484.705		6	4.604.234		6	6.075.518
	9	3.516.522		9	4.650.276		9	6.136.273
32	»	3.551.339	39	»	4.696.319	46	»	6.197.028
	3	3.586.852		3	4.743.282		3	6.258.989
	6	3.622.366		6	4.790.245		6	6.320.969
	9	3.658.589		9	4.837.947		9	6.384.178
33	»	3.694.813	40	»	4.885.850	47	»	6.447.388
	3	3.731.761		3	4.934.708		3	6.511.862
	6	3.768.709		6	4.983.567		6	6.576.335
	9	3.806.396		9	5.033.402		9	6.642.099
						48	»	6.707.862

Nº 2. *Mortalités comparées par la probabilité de vie à chaque âge.*

Deparcieux n'indiquant pas la vie *probable*, nous ne relevons, dans les trois tables, que la vie *moyenne*. La différence ne tire pas à conséquence. On pourra, si l'on veut, extraire la moyenne des trois termes de comparaison.

La table de Deparcieux (*Essais sur la probabilité de la vie humaine*. Paris, 1746), est faite d'après la mortalité sur têtes choisies (les tontiniers de 1689 et 1696). C'est pour cela qu'elle serait plus lente, donnant plus de vie à chaque âge.

La table de Duvillard (*Analyse de l'influence de la petite vérole en France*. Paris, 1806), relevée sur toute la population, serait plus rapide, donnant à chaque âge moins de vie.

La table de Demonferrand (*France entière, sexes réunis*), relevée aussi sur toute la population, mais plus moderne, offrirait, à raison des améliorations survenues dans la santé et du bien-être généralement répandu, une mortalité moins rapide que celle de Duvillard.

Voir cependant le relevé préalable qui va suivre.

Dans la table qui viendra après, on a négligé les fractions de mois. Duvillard seul donne les fractions en décimales; les autres les donnent en mois. Nous avons traduit en mois les décimales de Duvillard.

Le maximum de la vie probable (du temps à vivre) est à 5 ans d'après les trois auteurs; 48 ans 3 mois d'après le premier; 43 ans 4 mois d'après le second; 49 ans d'après le troisième.

RELEVÉ PRÉALABLE.

	MORTALITÉ LENTE, plus de vie à chaque âge.	MORTALITÉ RAPIDE. moins de vie à chaque âge.	ENTRE LES DEUX.	
De 0 d'âge à 17 ans. A 18 ans.........	De Monferrand. Id.	Duvillard. Id.	Deparcieux. Id.	On voit qu'il ne faut pas dire absolument : « Telle table, ou mortalité, est lente ; telle autre est rapide. » On ne peut le dire que relativement. Ainsi Duvillard, qui est réputé rapide, a des vivants jusqu'à 109 ans, lorsque Deparcieux, réputé lent, a enterré tout son monde à 95 ans. On conçoit d'ailleurs que, dans la vieillesse, où les individus sont en nombre très-réduit, il y ait des ressauts, des caprices ; l'observation ne portant plus sur un grand nombre, il n'y a plus de progression régulière, et l'on ne peut plus établir de probabilité.
	Toutefois, De Monferrand et Deparcieux *ex æquo.*			
De 19 à 77 ans... A 78 et 79 ans....	Deparcieux. Id.	Duvillard. Id.	De Monferrand. Id.	
	Toutefois, Deparcieux et de Monferrand *ex æquo.*			
A 80 ans......... A 81 ans.........	De Monferrand. Id.	Duvillard. Id.	Deparcieux. Id.	
	Toutefois, Duvillard et Deparcieux *ex æquo.*			
A 82 ans......... A 83 ans.........	De Monferrand. Id.	Duvillard. Deparcieux.	Deparcieux. Duvillard.	
	Toutefois, De Monferrand et Duvillard *ex æquo.*			
De 84 ans à la fin.	Duvillard. (va jusqu'à 109 ans.)	Deparcieux. (finit à 95 ans.)	De Monferrand. (finit à 104 ans.)	

TABLE.

AGE.	VIE ALLOUÉE à chaque âge par			AGE.	VIE ALLOUÉE à chaque âge par		
	Deparcieux.	Duvillard.	De Monferrand.		Deparcieux.	Duvillard.	De Monferrand.
ans.	ans mois	ans mois	ans mois	ans	ans mois	ans mois	ans mois
0	34 6	28 9	39 7	29	34 8	29 0	34 4
1	41 2	36 4	45 11	30	34 1	28 6	33 8
2	46 5	40 5	48 1	31	33 5	27 11	33 0
3	47 8	42 5	48 8	32	32 10	27 4	32 5
4	48 1	43 3	48 11	33	32 2	26 10	31 8
5	48 3	43 4	49 0	34	31 6	26 3	31 0
6	48 2	43 4	48 11	35	30 11	25 9	30 3
7	48 0	42 8	48 11	36	30 3	25 4	29 6
8	47 8	42 1	48 5	37	29 7	24 7	28 10
9	47 4	41 5	47 10	38	28 11	24 0	28 2
10	46 10	40 10	47 2	39	28 2	23 5	27 6
11	46 3	40 1	46 6	40	27 6	22 10	26 9
12	45 8	39 5	45 9	41	26 9	22 4	26 1
13	44 11	38 9	45 0	42	26 1	21 9	25 4
14	44 2	38 0	44 4	43	25 4	21 2	24 7
15	43 6	37 5	43 7	44	24 7	20 7	23 11
16	42 10	36 9	42 11	45	23 11	20 0	23 3
17	42 2	36 1	42 3	46	23 2	19 6	22 6
18	41 6	35 6	41 6	47	22 5	18 11	21 10
19	40 10	34 10	40 9	48	21 9	18 4	21 2
20	40 3	34 3	40 0	49	21 1	17 9	20 5
21	39 7	33 8	39 5	50	20 5	17 2	19 8
22	39 0	33 0	38 11	51	19 9	16 8	19 0
23	38 5	32 6	38 3	52	19 1	16 1	18 4
24	37 9	31 11	37 8	53	18 6	15 7	17 8
25	37 2	31 4	37 0	54	17 10	15 0	17 1
26	36 7	30 9	36 5	55	17 3	14 6	16 4
27	35 11	30 2	35 8	56	16 8	13 11	15 8
28	35 4	29 7	35 0	57	16 0	13 5	15 1

Suite de la Table.

AGE.	VIE ALLOUÉE à chaque âge par			ANS.	VIE ALLOUÉE à chaque âge par		
	Deparcieux.	Duvillard.	De Monferrand.		Deparcieux.	Duvillard.	De Monferrand.
ans.	ans mois	ans mois	ans mois	ans.	ans mois	ans mois	ans mois
58	15 5	12 11	14 5	85	3 2	4 1	3 9
59	14 10	12 5	13 9	86	2 11	4 2	3 8
60	14 3	11 11	13 2	87	2 8	4 3	3 7
61	13 8	11 5	12 7	88	2 4	4 3	3 6
62	13 0	10 11	12 1	89	2 0	4 0	3 4
63	12 5	10 6	11 6	90	1 9	3 10	3 2
64	11 10	10 0	11 0	91	1 6	3 8	3 0
65	11 3	9 7	10 6	92	1 3	3 5	2 10
66	10 8	9 2	10 0	93	1 0	3 3	2 7
67	10 1	8 9	9 5	94	0 6	3 0	2 5
68	9 7	8 4	9 0	95	0 0	2 11	2 2
69	9 1	7 11	8 6	96		2 9	2 0
70	8 8	7 7	8 1	97		2 7	1 10
71	8 2	7 2	7 8	98		2 5	1 8
72	7 9	6 10	7 2	99		2 2	1 6
73	7 4	6 6	6 10	100		2 0	1 4
74	6 11	6 2	6 6	101		1 11	1 2
75	6 6	6 5	6 2	102		1 9	1 0
76	6 1	5 7	5 11	103		1 8	0 9
77	5 9	5 3	5 7	104		1 6	0 6
78	5 4	5 0	5 4	105		1 4	0 0
79	5 0	4 9	5 0	106		1 3	
80	4 8	4 7	4 9	107		1 2	
81	4 5	4 5	4 6	108		1 1	
82	4 2	4 1	4 3	109		1 0	
83	3 10	4 1	4 1	110		0 0	
84	3 6	4 1	3 9